»Ist teurer Wein immer gut und – muss guter Wein immer teuer sein?«

Höhere Preise sind keine Garantie für höhere Qualität. Doch bessere Weinqualität ist oft in der Produktion teurer. Der Winzer investiert mehr Arbeit in die Pflege der Reben, in die Traubenernte und lässt dem Wein mehr Zeit zur Reife. Zusätzlich zählt das Renommee einer Region. Ein Bordeaux ist fast immer teurer als ein vergleichbarer Wein aus Chile. Dabei haben Neue-Welt-Weine, klimatisch begünstigt, den Vorzug gleichmäßiger zu reifen. Geringeres Risiko erlaubt günstigere Preise. Ein Vorteil für jeden Weinfreund.

»Gibt es trinkbaren Wein oder Sekt unter fünf Euro?«

Ein guter Weinhändler hat auch in dieser Preiskategorie trinkbare Weine im Programm: Schnäppchen aus unbekannten Regionen. Der Preis stimmt, und auch der Genussfaktor.

»Kann man am Etikett erkennen, ob ein Wein gut ist?«

Selbst Weine in edlen Flaschen mit besonders ansprechenden Etiketten sind nicht automatisch gut. Also – bevor man sich etwas vorgaukeln lässt, empfiehlt sich der Weg zu einem seriösen Weinhändler mit vielfältigem Sortiment durch alle Preiskategorien. Wenn man dort inklusive Beratung den Wein auch noch verkosten kann – umso besser!

»Was ist Weinstein?«

Weinstein ist kein Zucker und kein Weinfehler. Es handelt sich um eine Verbindung zwischen Kalium und der Weinsäure, die man als kleine Kristalle manchmal in der Flasche bzw. im Glas findet. Diese Teilchen heißen chemisch Kaliumhydrogentartrat und haben keinerlei Einfluss auf den Geschmack. Sie sind ein Zeichen von Qualität und häufig in deutschen Weißweinen zu finden.

»Was bedeutet Oxidation?«

Im Fass und später während der Flaschenreife verändert ein Wein durch den Kontakt mit Sauerstoff seine Vitalität und Farbe. Weißwein wird immer goldener, das Rot des Rotweins changiert zu Granatrot. Auch der Geschmack wandelt sich: Hat der Wein seinen Höhepunkt überschritten, wirkt er müde, riecht und schmeckt dünn und säuerlich.

»Was ist ein Depot?«

Als Depot bezeichnet man beim Wein feine, aber auch grobkristalline Ablagerungen auf dem Flaschenboden, nicht zu verwechseln mit Weinstein. Es handelt sich um eine natürliche Folge des Reifeprozesses von Rotweinen. Ältere Rotweine sollten in der Regel dekantiert, das heißt in eine Glaskaraffe umgefüllt werden. Beim langsamen Gießen wird der klare Wein vom trüben Depot getrennt.

»Was versteht man unter einem korkigen Wein?«

Korkiger Wein riecht und schmeckt muffig und modrig, und die Frucht eines Weins erscheint stumpf und schwach. Das entsteht durch Zusammentreffen von Chlor und besonderen Schimmelpilzen, entweder im korkenproduzierenden Betrieb oder im Weinkeller. Seriöse Händler nehmen korkigen Wein anstandslos zurück, auch im Restaurant können Sie eine neue, einwandfreie Flasche verlangen. Noch ein Tipp: Korkfehler sind deutlicher zu erkennen, wenn man den fraglichen Wein mit zwei Teilen lauwarmen Wassers vermengt.

»Ist ein Schraubverschluss ebenso gut wie ein Korken?«

Guter Rohkork wird leider immer seltener. Das bedeutet, dass in den letzten Jahren die Korkschmecker dramatisch angestiegen sind. Und das vor allem bei günstigen Weinen. Da ist der Schraubverschluss von großem Vorteil.

»Kann Wein aus dem Bag-in-Box wirklich schmecken?«

Bag-in-Box in 5- oder 10-Liter-Einheiten setzen sich auch hier zu Lande langsam durch, denn sie sind eine gute Erfindung für das tägliche Glas Wein, wie auch für ein größeres Fest. Der Wein bleibt darin bis zum letzten Tropfen sauber und frisch, da kein Sauerstoff an den Wein gelangt. Vorausgesetzt, in dem Weinschlauch, wie das System auch genannt wird, befindet sich ein qualitativ guter Trinkwein.

»Wie hält man ein Weinglas in der Hand?«

Niemals den Kelch mit der gesamten Handfläche umschließen – das Glas am Stiel halten, zwischen Daumen und Zeigefinger, sonst erwärmt sich gerade Weißwein zu schnell. Außerdem sehen Fingerabdrücke auf einem blank polierten Glas unschön aus, und eventuell nach Parfüm duftende Hände lassen dem Aroma keine Chance.

»Warum schmecken aus dem Urlaub mitgebrachte Weine zu Hause oft nur halb so gut?«

Selbst ein einfacher Wein schmeckt in entspannter Feriensituation einfach besser als zu Hause. Auch verändert die salzige Luft am Meer oder die glasklare Luft in den Bergen das Aroma eines Weins. Bringen Sie deshalb lieber keine zu großen Mengen aus den Ferien mit. Häufig ist die Enttäuschung vorprogrammiert, wenn der Chianti, mit dem so mancher Urlaubsabend zum Erlebnis wurde, zu Hause gar nicht mehr so großartig schmeckt.

»Kann man einen Wein gleich nach dem Transport trinken?«

Weine überstehen dank heutiger Kellertechnik auch ohne Qualitätseinbußen sogar lange Transportwege. Ältere Weine sind empfindlicher und sollten besser etwas ausruhen, damit sich das Depot auch setzen kann.

»Wie und wo kühlt man einen Weißwein am besten?«

Langsam und schonend, am besten im Kühlschrank. Noch besser ist ein temperierter Weinschrank. Die besten verfügen über verschiedene Kühlstufen. Muss es schnell gehen, kann man seinen Weißwein oder Sekt auch in der Kühltruhe kühlen. Trotz Tiefsttemperaturen leidet das Aroma weniger als angenommen. Recht schnell geht es auch in einem Kübel mit Eiswürfeln. Gut, besonders für ein Picknick, sind mit Kühlflüssigkeit gefüllte Manschetten, die man über die Flasche stülpt. Fragen Sie Ihren Weinhändler danach.

»Was bedeutet ›umkippen‹?«

Der Wein hat seinen Höhepunkt überschritten. Aus dem Alkohol wird allmählich Essig, die Farbe wird immer ältlicher, der Wein schmeckt unangenehm.

»Kann Rotwein länger reifen als Weißwein?«

Ja, meistens. Ausnahmen bilden sehr leichte Rotweine, die wie fast alle Weißweine für den sofortigen Verkauf und einen umgehenden Konsum gemacht sind, und Weißweine mit viel Restsüße und hoher Säure. Fast alle anderen, trocken ausgebauten Weißweine sollten ebenfalls recht bald getrunken werden, weil sie sonst ihre frische Frucht und Freundlichkeit verlieren.

»Wie lange kann ich eine angebrochene Weinflasche aufbewahren?«

Abhängig vom Pegel und verschlossen mit dem eigenen Korken (nicht umgekehrt hineindrehen!), halten sich gute Weißweine im Kühlschrank bis zu drei Tage ohne Qualitätsverlust; Rotweine länger, die besten sogar vier Tage. Generell gilt: Reife Weine besser gleich austrinken.

»Muss ein Rotwein atmen, und was bedeutet das?«

Durch mehr Sauerstoff können sich die Aromen besser entfalten. Frühzeitiges Entkorken allein bringt kaum etwas, dafür ist die Flaschenöffnung zu klein. Sinnvoll ist dagegen das Umfüllen in eine Karaffe (Dekantieren).

»Ist Rotwein bekömmlicher als Weißwein?«

Rotwein, der deutlich mehr Gerbstoffe enthält als Weißwein, hilft durch seine antioxidative Wirkung (Radikalfänger) vor Krebs zu schützen. Sonst profitieren Rotweinfreunde nicht mehr als Weißweintrinker. Bei moderatem Konsum (ca. 0,2 bis 0,4 Liter pro Tag) leben Weintrinker mit dem niedrigsten Risiko, frühzeitig zu sterben (s. a. S. 14). Die guten Inhaltsstoffe halten das Herz, den Kreislauf, die Nieren, die Verdauung, das Gedächtnis und sogar den Hormonhaushalt auf Trapp.

»Kommt der Kater am nächsten Morgen vom Schwefel?«

Mit Sicherheit nicht. In nahezu allen Weinen ist die Schwefelkonzentration sehr gering und nur selten der Grund für Kopfschmerzen. Die Ursachen dafür sind meist zu viel Alkohol oder die Verbindung von Alkohol und Nikotin. Ein großes Glas Wasser zwischendurch und vor dem Schlafen hilft bestimmt.

»Warum trinken Frauen lieber Champagner als viele Männer?«

Champagner war für Frauen schon immer ein Aphrodisiakum. Er prickelt schön auf der Zunge, zaubert einen rosaroten Schimmer auf die Wangen und betört die Sinne. Auch Madame de Maillys, die Geliebte Ludwigs XV., war eine große Champagnerfreundin. Für sie war er der einzige Wein, der eine Frau in Schönheit erblühen lässt.

»Was sind Parker-Punkte?«

US-Weinkritiker Robert M. Parker, Jr. vergibt Bewertungspunkte, an denen sich immer noch zu viele Weinfreunde orientieren, statt sich nur auf ihren eigenen Geschmack zu verlassen.

»Muss man Kenner sein, um Wein genießen zu können?«

Überhaupt nicht. Genuss hat viel weniger mit Weinwissen zu tun als mit Freude und Atmosphäre. Viel theoretisches Wissen kann sogar für den Genuss hinderlich sein, denn Wein spricht vor allem die Sinne an.

... UND 20 WEIT VERBREITETE IRRTÜMER

»Jeder Wein kann altern.«

Nein. Sehr viele Weine schmecken frisch und jung noch immer am besten. Unkomplizierte, leichte Sommerweine sollten schon im Jahr nach ihrer Abfüllung getrunken werden. Aber auch viele Qualitätsweine erreichen, wenn sie fachgerecht kühl und dunkel gelagert wurden, schon nach vier bis fünf Jahren ihren Reifehöhepunkt. Allgemein gilt: Je höher die Qualität, desto eher kann ein Wein, abhängig von der Traubensorte, im Alter mehr Harmonie erlangen. Lange Lebensdauer wird garantiert durch eine hohe Säure zusammen mit viel Restsüße, wie bei Beeren- und Trockenbeerenauslesen von der Rieslingtraube.

»Weine in edlen Flaschen sind von höherer Qualität.«

So pauschal lässt sich das nicht sagen, doch Argwohn ist durchaus berechtigt. Denn die Erfahrung zeigt, dass tatsächlich recht viele Weinmacher mit noblen Aufmachungen vom mittelmäßigem Inhalt ablenken wollen. Doch auch gute Winzer setzen mittlerweile auf eine edle Ausstattung ihrer Flaschen, weil sie begriffen haben: Das Auge trinkt mit.

»Zu Fisch passt kein Rotwein.«

Überzeugen Sie sich selbst vom Gegenteil und probieren Sie ein Glas roten Burgunder zu gebratener Rotbarbe oder gegrilltem Lachs. Der Rotwein sollte allerdings etwas Säure, aber nicht zu viel Tannin besitzen, denn Gerbsäure verträgt sich nicht mit Fisch und kann in dieser Kombination leicht metallisch schmecken.

»Schlechter Jahrgang – schlechter Wein.«

Stimmt nicht. In schlechten Jahren entsteht aber nur dann guter Wein, wenn der Winzer auch sein Handwerk versteht. Auch nach viel Regen und wenig Sonne werden immer einige Trauben am Stock reif. Qualitätswinzer verwenden nur reifes Lesegut, unreife und faule Trauben lassen sie hängen. Das ist die Voraussetzung für gute Weine, allerdings fällt die Menge in solchen Jahren oft geringer aus, und die Weine sind auch schneller trinkreif.

»Bier nach Wein, das lass' sein…«

Beides in großen Mengen zu trinken, mag sich nicht empfehlen. Doch ein Bier kann nach vielen Weinen durchaus magenberuhigend wirken und Mineralstoffe zuführen. Viele Weinprofis trinken nach einer ausgiebigen Weinverkostung noch ein Bier.

»Ein großer Wein schmeckt in der Jugend nicht.«

Das war früher so. Die Spitzenweine aus Übersee haben dieses Schema durchbrochen. Während sich die großen Weine Europas (Bordeaux) meist nach zwei bis vier Jahren verschließen, um sich dann ein bis zwei Jahre später wieder zu öffnen, bleiben die Tops aus Übersee zugänglich und entwickeln langsam reifere Geschmacksnuancen.

»Das Weinglas ist doch egal.«

Stimmt nicht ganz. Ein geeignetes Glas kann die Vorzüge eines Weins betonen. Mit der über dem Weinspiegel befindlichen Luft atmen wir die Aromastoffe ein und definieren so den Geruch. Je größer der Glasdurchmesser, umso deutlicher ist das Geruchserlebnis. Je kleiner das Glas, umso weniger Aromastoffe können sich entwickeln. Jüngere und vor allem hochwertigere Rotweine vertragen ein größeres Glasvolumen

besser als Weißweine oder reife Weine. Schaumweine und Champagner entfalten ihr feines Aroma am besten im schlanken, hohen Glas, auch Flöte genannt.

»Rotwein wird bei Zimmertemperatur getrunken.«

Ein Relikt vergangener Zeiten, als die Kamine in den Burgen und Schlössern die Temperatur auf höchstens 18 °C brachten. Bei heutigen Zimmertemperaturen von 20 °C und mehr leidet dagegen nach einiger Zeit das Aroma, und der Alkohol dominiert. Grundsätzlich gilt: Je jünger ein Rotwein, umso kühler sollte er getrunken werden.

»Die besten Rotweine kommen aus Frankreich.«

Seit den letzten 20 Jahren haben sich die Dinge grundlegend geändert. Die Konkurrenz kommt aus Übersee.

»Barrique-Weine sind besser.«

Nicht zwingend, zudem absolute Geschmackssache und Modeerscheinung. Nur gute Weinqualitäten mit nicht zu viel Säure sind für den Ausbau im kleinen Holzfass geeignet. Für optimalen Genuss muss der Holzton mit der Frucht des Weins harmonieren und darf sie nicht überdecken. Ansonsten bereitet ein frisch-fruchtiger Roter viel mehr Spaß als einer aus dem Barrique, der nur nach Holz schmeckt.

»Wein ist eine Männerdomäne.«

Mittlerweile müssten auch die Herren der Schöpfung wissen, dass Frauen über eine empfindlichere Sensorik verfügen. Sie können Weine oft besser probieren und beurteilen. Am meisten Spaß macht natürlich eine gemeinsame Probe.

»Champagner ist immer besser als jeder andere Schaumwein.«

Es gibt gute und weniger gute Champagner, mit denen hochwertige Schaumweine aus Frankreich, Italien, Spanien, Deutschland, Österreich oder Übersee durchaus mithalten können. Spitzenchampagner jedoch sind unschlagbar und purer Luxus für die Sinne.

»Ökoweine schmecken nicht.«

Bis in die 1990er Jahre arbeiteten viele Ökoweinbauern im In-und Ausland vor allem nach ideologischen Kriterien. Sie wollten ihren Weinberg im Einklang mit der Natur, möglichst ohne Chemie bewirtschaften. Entsprechend fade schmeckten auch viele Weine – nicht zu vergleichen mit den heutigen Weinen, die alle Qualitätsansprüche erfüllen.

»Wein macht dick.«

Ein Glas trockener Weißwein enthält etwa 110 Kalorien, ein Glas Rotwein ungefähr 140 Kalorien, etwa ebenso viel wie ein Glas Bier. Vom Wein nimmt man im Vergleich nicht so schnell zu, weil der höhere Kaliumgehalt diuretisch, das heißt entwässernd wirkt. Wein zum Essen fördert nachweislich die Verdauung.

»Deutsche Weine sind immer sauer.«

Ein hartnäckiges Vorurteil. Doch heute gibt es in Deutschland wegen des speziellen Klimas viele herrliche Weine. Sie schmecken nicht sauer, dafür aber viel fruchtiger und lebendiger als Pinot Grigio & Co., und sie halten sich länger, bleiben dabei frisch und munter.

»Diabetiker können keine süßen Weine trinken.«

Keine Angst, Weine bis 20 g Gesamtzucker pro Liter sind für Diabetiker geeignet, da sie viel mehr von der gut verträglichen Fructose (Fruchtzucker) und weniger (max. 4 g/l) von der gefährlichen Glucose (Traubenzucker) enthalten. Selbstverständlich sollten Sie erst nach Absprache mit Ihrem Arzt zu den lieblichen Weinen greifen.

»Weinprofis haben immer recht.«

Weinprofis probieren sehr viel, erarbeiten sich weit reichende Kenntnisse über Jahrgänge, Rebsortentypizität, regionale Prägungen. Einige sind sogar in der Lage, die generelle Qualität eines Weins zu beurteilen. Aber das Geschmackserlebnis sollte jeder selbst erfahren. Denn Profis können nur Anhaltspunkte geben, und die sind oft genug subjektiv.

»Sekt, Champagner und Prosecco müssen liegen.«

So lautete lange Zeit die Empfehlung. Inzwischen weiß man: Durch waagerechte Lagerung quillt der Korken stärker auf. Dadurch treten häufiger Korktöne auf. Deshalb sollten Schaumweine mit Naturkorken aufrecht und immer kühl und dunkel lagern.

»Korken ist immer der beste Flaschenverschluss.«

Schlechte Korken brechen beim Öffnen einer Flasche häufig ab, zerbröseln oder verursachen geschmackliche Veränderungen und immer öfter den gefürchteten Korkschmecker, der die Weine muffig schmecken lässt. Daher sind Schraubverschlüsse die bessere Alternative. Nicht nur für Alltagsweine, die bald getrunken werden sollten, auch für gute Weine. Was fehlt, ist der verheißungsvolle ›Plopp‹ beim Öffnen einer mit Korken verschlossenen Flasche.

»Täglicher Weingenuss macht krank.«

Nicht unbedingt, vielleicht gilt sogar das Gegenteil – wenn die Menge stimmt. Als Faustregel gilt: Frauen sollten nicht mehr als etwa 20 g Alkohol konsumieren (andere Empfehlungen sprechen von bis zu 28 g). Das entspricht etwa 0,2 (bzw. 0.3) Liter Wein bei einem durchschnittlichen Alkoholgrad von ca. 12,5 % Vol. Männer vertragen etwa 40 g, das heißt bei gleichem Alkoholgrad des Weins etwa 0,4 Liter. Die Universität von Kopenhagen untersuchte über 12 Jahre rund 6000 Männer und gut 7000 Frauen mit dem spektakulären Ergebnis: maßvoll Weintrinker leben länger. Das Risiko, an Herz-Kreislauferkrankungen zu sterben, sinkt bei Weintrinkern um sagenhafte 50 %. Der lebensverlängernde Effekt bezieht sich auch auf die allgemeine Stärkung der Abwehr, den Schutz vor Krebserkrankungen durch antioxidative Substanzen usw. Diese Wirkung wird von Rotwein wie von Weißwein erzielt. Dies belegt eine weitere Pilotstudie aus dem Jahr 1996 von Professor Belz aus Deutschland.

Im Weinberg
Die Weinregionen der Welt

»Wo in der Welt wächst Wein?«

Weinreben sind anpassungsfähig und gedeihen am besten in gemäßigtem Klima. Sie werden in zwei erdumfassenden Zonen angebaut: Im Norden zwischen dem 40. und 50. Breitengrad (Europa, Nordafrika, Nordamerika, Asien), im Süden zwischen dem 30. und 45. Breitengrad (Südafrika, Argentinien, Uruguay, Chile, Neuseeland, Australien).

1 Großbritannien
2 Deutschland
3 Frankreich
4 Schweiz
5 Österreich
6 Tschechische Republik
7 Slowakische Republik
8 Ungarn
9 Portugal
10 Spanien
11 Italien
12 Serbien-Montenegro
13 Rumänien
14 Moldawien
15 Bulgarien
16 Krim (Ukraine)
17 Georgien
18 Türkei
19 Griechenland
20 Libanon
21 Israel

Vereinigte Staaten von Amerika (USA)

Marokko

Algerien

Äquator

Pazifischer Ozean

Atlantischer Ozean

Chile   Argentinien

»Woher stammt die Weinrebe?«

Wohl aus den weiten Regionen südlich des Kaukasus, dem heutigen Georgien. Man vermutet heute, dass die gegenwärtige weintragende Kulturpflanze vor etwa 7000 Jahren aus einer Wildrebe hervorging.

»Wie sind die heutigen Weinregionen entstanden?«

Neben klimatischen Bedingungen waren günstige Transportwege wichtig. So wurden die Rebstöcke bevorzugt in Fluss- oder Meeresnähe gepflanzt, denn den Wein in Schläuchen oder Fässern über Land zu transportieren war viel zu teuer und mühselig.

»Was unterscheidet die nördlichen Weinregionen von denen auf der südlichen Halbkugel?«

Je nördlicher eine Region liegt, umso weniger scheint die Sonne. Dadurch besteht die Gefahr, dass die Trauben nicht ausreifen. Die Folgen sind weniger Alkohol und oft höhere Säure. Nachteile, die nur in guten Jahrgängen durch das günstigere Klima ausgeglichen werden können. Dann besitzen diese Weine Struktur und Eleganz gleichermaßen. Die Weine der südlichen Hemisphäre hingegen haben anderes zu bieten. Hier lässt die starke Sonne starke Weine mit saftig-beeriger Frucht und oft imposantem Körper gedeihen und – das gilt besonders für Rotwein – mit mehr Farbe. Weine, die vor allem optisch ansprechen. Wer in der südlichen Hemisphäre bei aller Kraft auch nach Eleganz sucht, wählt Weine aus höher gelegenen Weinbergen, teils bis zu 600 m hoch. In Kalifornien und Oregon, aber auch in Chile, Südafrika und Australien, hat sich aus diesem Grund der Weinbau – speziell für Weißweine – in kühlere Zonen verlagert.

»Welche Länder erzeugen weltweit den meisten Wein?«

An erster Stelle liegen Frankreich und Italien etwa gleichauf mit jeweils 50 Millionen Hektolitern, danach kommen Spanien, die USA, Argentinien und Australien. Deutschland folgt mit größerem Abstand, liegt aber unter den ersten zehn Weinerzeugern weltweit.

»Gibt es Länder oder Regionen, in denen jedes Jahr gute Weine wachsen?«

Die Weine aus Übersee profitieren eindeutig von dem vorherrschenden warmen Klima – fast ein Garant für gleichmäßig gute Qualität. Das gilt jedoch nicht für alle Rebsorten, z. B. nicht für Pinot Noir oder Riesling. Diese beiden lieben größere Temperaturunterschiede zwischen Tag und Nacht, Hitze wie im südlichen Europa ist schon zu viel für sie.

Von der Pflanzung bis zur Lese

»Ab welchem Alter trägt ein Rebstock Trauben?«

Sofort im ersten Jahr nach der Pflanzung wachsen Trauben am Rebstock. Doch erst ab dem dritten Jahr trägt er eine ausreichend große Menge, dass man daraus auch einen Wein keltern kann.

»Ist die Weinqualität alter Reben besser?«

Ja! Ab einem Alter von etwa 25 bis 30 Jahren werden die Reben träger und produzieren weniger Trauben. Dadurch konzentrieren sich in jeder einzelnen Traube der Zucker, überhaupt alle wertvollen Inhaltsstoffe. Das bedeutet einen geringeren Ertrag, auf der anderen Seite aber eine deutlich höhere Qualität.

»Wodurch kann der Winzer den Ertrag regulieren?«

Im Winter reduziert er mit einem kurzen Anschnitt die Rebenbögen bis auf wenige Augen, im Sommer kürzt er die zu langen, neuen Triebe und bindet sie anschließend hoch. Andernfalls würde der Rebstock wild wuchern, und die aufgenommenen Nährstoffe gingen nur in die Blätter, nicht in die Trauben. Das Ergebnis wäre ein nur geringer Ertrag von kleinen, sauren Trauben. Und im Spätsommer entfernt er überzählige wie auch nicht entwickelte Trauben, damit während der Reife alle Kraft in die verbliebenen Früchte geht.

»Warum stehen in manchen Weinbergen Rosen vor den Rebzeilen?«

Nicht nur wegen des schönen Anblicks, sondern als Früh-
warnsystem vor dem Echten Mehltau, lateinisch *Oidium
tuckeri,* einer sehr gefährlichen Rebkrankheit. Noch bevor
die Pilzkrankheit die Reben befällt, würde sie sich mit ihren
typischen weißen Flecken auf den Rosenblättern zeigen. So
kann der Winzer noch etwas unternehmen, bevor der totale
Ernteausfall droht.

»Warum ist die Reblaus so gefährlich?«

Diese kleine, sehr gefräßige Laus sticht die Rebwurzeln an
und saugt die Nährstoffe heraus, bis die Rebe langsam ab-
stirbt. Um 1860 gelangte die Reblaus (heute *Dactylosphaera
vitifolii* bzw. *Viteus vitifolii*) mit importierten Rebstöcken
von Nordamerika nach Frankreich. In kürzester Zeit breitete

sie sich in ganz Europa und auch in Übersee aus und richtete verheerende Schäden an. Verschont blieben Chile, wo sie wohl Mühe hatte, die Anden zu überwinden, und Nordamerika, ihre ursprüngliche Heimat. Nur durch die Züchtung reblausresistenter Reben konnte die Reblaus unter Kontrolle gehalten werden.

»Was sind reblausresistente Reben?«

Seit der Reblauskatastrophe in Europas Weinbergen dienen amerikanische Wildreben als sogenannte Unterlagsreben. Und so funktioniert es: Man pfropft auf die Wurzel der reblausfesten, amerikanischen Rebe ein Stück Rebholz der europäischen Rebsorte. Die Veredlungsstelle muss gut zusammenwachsen, damit der ausgepflanzte junge Schössling mit seinem nun reblausresistenten Wurzelwerk gut angeht und nun fleißig gesunde Trauben der gewählten europäischen Rebsorte produziert.

»Wie kommt der Zucker in die Traube?«

Durch einen Prozess, der im Blattinneren stattfindet und Photosynthese heißt. Dazu braucht die Rebe, wie alle grünen Pflanzen, Wasser, Kohlendioxid aus der Luft und Sonnenenergie. Im Blatt wird Zucker gebildet, in die Trauben transportiert und dort eingelagert.

»Warum ergibt wenig Ertrag höhere Weinqualität?«

Niedrigere Erträge – besserer Wein. Das ist eine Regel, die überall auf der Welt gilt. Die Rebe nimmt während der Reifezeit eine bestimmte Menge Inhaltsstoffe (Zucker, Säuren, Mineralstoffe) auf. Ist der Ernteertrag klein, verteilen sich diese Stoffe auf wenige Trauben, die Qualität des Weins ist entsprechend höher. Qualitätsorientierte Winzer reduzieren deshalb die Traubenmenge schon durch Anschnitt im Frühjahr und durch Ausdünnen im Lauf des Jahres.

»Wann sind die Trauben reif?«

Nach Blüte und Fruchtansatz
dauer die Reife – abhängig von
Rebsorte, Klima und Weintyp
(trocken oder edelsüß) – zwischen 40 und 70 Tage. In dieser
Zeit steigt der Zuckergehalt in
den Trauben an, bei Rotweinen
auch die roten Farbstoffe und
Tannine (Gerbstoffe). Die Säure
nimmt parallel dazu ab.

»Welchen Vorteil bieten steile Hanglagen?«

In nördlichen Regionen wie in Deutschland, wo weniger
Sonne scheint, können die Sonnenstrahlen die Reben in
Steillagen wegen des besseren Einfallswinkels optimaler
erreichen. Tagsüber speichert außerdem der Boden die Wär-
me und gibt sie nachts gleichmäßig an die Reben ab. Die
Trauben reifen besser und letztlich auch kontinuierlicher.
Viele Steillagen findet man im Ahrtal, am Mittelrhein, an
Mosel-Saar-Ruwer, in Meißen, in Franken, an Saale-Unstrut
und in Sachsen.

»Was ist besser: Hand- oder Maschinenlese?«

Handlese ermöglicht eine bessere Trennung der guten von
unreifen, fauligen Trauben, da jede einzelne Traube in die
Hand genommen wird. Doch wenn Regen oder Unwetter die
reifen Trauben gefährden, ist die Maschinenlese oft die bessere Wahl. Für Hang- und Steillagen wie auch bei hohem
Anteil faulender Trauben kaum geeignet, ist sie in den Flach-
lagen an Schnelligkeit nicht zu schlagen, besonders bei früh-
morgendlicher Ernte der noch kühlen Trauben für den frisch-
fruchtigen Weißweintyp.

»Was ist Edelfäule?«

Wenn die Trauben reif sind, prall gefüllt mit süßem Beerensaft, und die Morgenstunden leicht feucht sind, denen im Lauf des Tages ausreichend Sonnenschein folgt, vermehrt sich auf der Traubenhaut leicht ein Schimmelpilz, lateinisch *Botrytis cinerea,* der die gewünschte Edelfäule erzeugt. Er bohrt die Beerenhaut an, bis sie durchlöchert ist wie ein Netz. Das Wasser verdunstet, und die Trauben schrumpeln auf Rosinengröße, die Konzentration der Inhaltsstoffe steigt. So entstehen die köstlichen Süßweine oder auch Dessertweine genannt, wie z.B. deutsche Beeren- und Trockenbeerenauslese besonders aus der Rieslingrebe, Ruster Ausbruch in Österreich, Tokaji in Ungarn, Sauternes und Barsac in Frankreich. Diese edelsüßen Weine können einen Zuckergehalt von zuweilen mehr als 200 g pro Liter aufweisen. Hohe Säure- und Extraktwerte sorgen aber für einen Ausgleich und im besten Fall – zusammen mit dem hohen Zuckergehalt – für ein sehr langes Weinleben.

Klima, Boden und Lage

»Was sind die Voraussetzungen für guten Wein?«

Weinqualität beginnt im Weinberg, abhängig von der Lage, der Rebsorte, dem Wetterverlauf – und den Fähigkeiten des Winzers. Ein guter Winzer achtet auf gesunde Trauben und auf den Ertrag. Wenn nötig, schneidet er während des Jahres Trauben heraus. Denn er weiß, ein nicht zu hoher Ertrag reifer und gesunder Trauben ist die Basis guter bis hoher Qualität.

»Welche Klimafaktoren sind für den Weinbau wichtig?«

Die Winter dürfen nicht zu hart sein, sonst erfrieren die Rebenstöcke. Für eine gleichmäßige Traubenreife benötigen sie ausreichend Sonne. Doch zu viel Sonne wie in Übersee kann

Trockenstress hervorrufen. Die Rebe stellt langsam ihre vitalen Funktionen ein. Abhilfe schafft die sogenannte Tröpfchenbewässerung, die in Deutschland wegen ausreichender Niederschläge verboten ist. Vernünftig eingesetzt, sichert der stete Tropfen nicht nur die Qualität, er kann sie sogar steigern. Anders im nördlichen Europa, wo zu viel Regen die Trauben faulen lässt. Es drohen Qualitätsverluste oder gar Ernteausfälle. Eine Gefahr, mit man hier zu Lande immer wieder zur Reifezeit rechnen muss.

»Wie unterscheiden sich Weinberglagen?«

Sie unterscheiden sich in Höhe und Neigung, sind mehr oder weniger durch Felsvorsprünge unterteilt oder auch von Wäldern geschützt. Das Licht- und Schattenspiel während des Tages zeigt, welche Parzellen mehr und welche weniger und wann Sonne abbekommen. Je kühler das vorherrschende Klima, besonders in höheren Lagen, umso wichtiger ist der

Winkel der Sonneneinstrahlung und je heißer die Temperatur, das heißt je mehr Sonne scheint, umso wichtiger ist der Niederschlag bzw. die Abkühlung während der Nacht.

»Welchen Einfluss hat der Boden auf die Weinqualität?«

Westeuropas Topwinzer halten die Bodenbeschaffenheit für sehr wichtig, und immer mehr Spitzenwinzer aus Übersee schließen sich dieser Auffassung an. Generell gilt: Je fruchtbarer der Boden, umso üppiger das Blattwachstum und umso geringer die Traubenqualität. Es sei denn, der Ertrag wird kontrolliert bzw. reduziert. Je karger und ärmer der Boden, umso höher die Weinqualität. Die Reben müssen ihre Wurzeln auf der Suche nach Wasser bis zu 15 m tief in den Boden treiben. Der Stress führt zu einer höheren Aufnahme von Nährstoffen. Einfluss auf die Weinqualität haben auch die physikalischen Eigenschaften eines Bodens: Ganz wichtig, besonders in Übersee, ist das Wasserhaltevermögen.

»Welcher Boden bringt im Idealfall welchen Wein hervor?«

Kalk- und Kreideboden:
• spritzige, finessenreiche, mineralstoffreiche Weine
  mit Struktur und im besten Fall viel Charakter
Lehmlössboden:
• kräftige Weine, weniger Säure, oft ausgeprägtes Aroma
Sandboden:
• leichte, duftige Weine
Gesteinsverwitterungsboden (Schiefer, Granit, Porphyr):
• Weine mit Struktur und vielschichtigem Aroma
  (besonders gut für Weißwein)
Tonboden:
• fette Weine mit viel Körper und Bukett
Vulkanboden:
• füllige, feurige und geschmeidige Weine
  (Beispiel Kaiserstuhl und die außergewöhnlich guten
  Spätburgunder)

»Was bewirkt eine Lage am Wasser?«

Fluss, See oder Meer wirken je nach Größe in kühleren Regionen wie Sonnenreflektoren, verbessern also besonders in steil ansteigenden Weinbergen die Wärmeversorgung der Reben und damit die natürliche Zuckerbildung in den Beeren. Die höhere Luftfeuchtigkeit in Wassernähe schützt im Winter die Reben vor Frost und unterstützt die Entstehung der sogenannten Edelfäule *(Botrytis cinerea)* auf reifen Trauben. Daraus werden später Beeren- und Trockenbeerenauslesen.

DIE REBSORTEN

»Was sind eigentlich Rebsorten?«

Weinreben gehören zur botanischen Spezies *Vitis vinifera*. Im Lauf der Jahrtausende entstanden durch bewusste Auswahl wild wachsender Sorten, durch Kreuzungen bzw. Neuzüchtungen etwa tausend verschiedene, für den Weinbau geeignete Rebsorten. Ihre Farbskala reicht von hellgrün bis dunkelrot. Der Geschmack der Weine, die man daraus keltert, ist bei manchen Rebsorten ähnlich, bei anderen so unterschiedlich wie der zwischen Muskatnuss und Apfel, oder nasser Wolle und frisch gepflückten Himbeeren. Die meisten Weinbauländer und viele Weinregionen haben gesetzliche Regelungen getroffen, welche Rebsorten in der jeweiligen Region zugelassen sind und welche für die Weinbereitung angebaut werden dürfen.

»Welchen Einfluss hat die Rebsorte auf den Geschmack des Weins?«

Jede Rebsorte besitzt ihren eigenen Charakter, geprägt von den Inhaltsstoffen, die sich während der Reife in der Traube bilden: vom Anteil an Säure und Gerbstoff (vor allem beim Rotwein), von Farbe und Aromastoffen, also von den Duft- und Geschmacksstoffen. Sie bewirken, dass ein Wein z. B. nach Äpfeln duftet, nach saftigen Pfirsichen, grüner Paprika, nach exotischen Gewürzen oder Kaffee und Rauch. Die Rebsorte beeinflusst den Geschmack des Weins mehr als Klima, Boden, Lage oder Weinbereitung.

»Was unterscheidet weiße von roten Sorten?«

Nicht nur die Farbe. Bei den roten Rebsorten spielt das Tannin, also der Gerbstoff, eine wichtige Rolle. Weiße Sorten verfügen dagegen über einen höheren Säuregehalt.

»Gibt es auf der Welt mehr rote oder weiße Rebsorten?«

Ganz eindeutig dominieren die roten Rebsorten. Deren Anbaufläche wächst weiter, da Rotweine weltweit immer stärker nachgefragt werden. Der Anteil roter Rebsorten in aller Welt wird auf etwa 80 % geschätzt.

»Welche Rebsorten gehören zur Burgunderfamilie?«

Alle Burgundersorten sind mit hoher Wahrscheinlichkeit durch Mutation, also Genveränderung, aus der roten Rebsorte Pinot Noir (frz.) entstanden, die in Deutschland Spätburgunder, in der Schweiz Blauburgunder und Italien Pinot Nero heißt. Zur Rebfamilie gehören Pinot Blanc (frz.), Weißburgunder (dt.), Pinot Bianco (it.), außerdem Auxerrois und Pinot Gris (frz.), in Deutschland Ruländer oder Grauburgunder genannt, in Italien Pinot Grigio. Der Chardonnay, Basis der großen Weißweine des Burgund, gehört nicht zu dieser Rebfamilie. Nicht verwechseln darf man die Rebsorte Weiß-

burgunder mit weißen Burgundern, dem Sammelbegriff für die Weißweine aus der Sorte Chardonnay aus der französischen Region Burgund.

»Welche Bedeutung hat die Rebenzüchtung für die Qualität eines Weins?«

Der Rebzüchter kreuzt Rebsorten, um ihre positiven Eigenschaften zu einer neuen Sorte zusammenzuführen. Ganz aktuell ist die Resistenz gegenüber Pilzerkrankungen.

»Was bedeutet der Begriff Klon?«

Wichtiger Unterschied: Der ›Klon‹ im vinologischen Sinn wird mit ›K‹ geschrieben und nicht wie in der Gentechnologie mit ›C‹. Ein Klon ist ein vegetativ vermehrter Rebsteckling mit allen Merkmalen des Mutterrebstocks.

»Was bedeutet Reberziehung?«

Unbeschnittene Rebstöcke tragen kümmerliche Trauben, weil die Kraft statt in die Trauben ins Blattwerk geht. Der jährliche Rebschnitt beschränkt nicht nur den Zuwachs an altem Holz, denn nur ein- bis zweijährige Triebe sind fruchtbar, sondern gibt dem Stock eine besondere Form, was Reberziehung heißt. Man bindet die Triebe nach dem Schnitt an einem Drahtgestell fest, an dem die Reben hochranken können und genügend Sonne erhalten. In heißen Zonen erzieht man die Rebstöcke in Buschform, ohne Drahtrahmen. Ohne Erziehung würde ein Rebstock wild wuchern und nur wenig Trauben minderer Qualität tragen.

»Was versteht man unter Pfropfreben?«

Pfropfreben bestehen aus zwei Teilen – der Unterlagsrebe und der Ertragsrebe. Der untere, in die Erde gepflanzte Teil

dient der Abwehr von Krankheitserregern und Schädlingen wie der Reblaus und soll zudem für guten Wuchs auf dem jeweiligen Boden sorgen. Der oberirdische Teil, Edelreis genannt, ist für die Farbe, den Geschmack der Trauben bzw. für den Charakter des Weins verantwortlich.

WEISSE REBSORTEN

»Warum wurzeln die meisten weißen Rebsorten der Welt in nördlichen Weinregionen?«

Vor allem, weil sie, im Gegensatz zu den meisten roten Sorten, das Klima Mitteleuropas besser vertragen. Die unter diesen kühleren Bedingungen gedeihenden Weißweine unterscheiden sich stilistisch sehr stark von den Weißweinen aus Übersee, die im warmen Klima zwar anders, aber auch großartig gedeihen können.

»Welche weißen Rebsorten zählen zu den renommiertesten der Welt?«

Die Liste weißer Rebsorten mit dem besten Image führt der Chardonnay an, gefolgt vom Sauvignon Blanc, beide ursprünglich in Frankreich heimisch. In manchen Ländern hat

Sauvignon Blanc den Chardonnay im Renommee und auch in der Menge schon von Platz eins verdrängt. An dritter Stelle liegt die Sémillon-Rebe. In Deutschland, Österreich und im Elsass ist der Riesling die Spitzenrebsorte und gewinnt auch außerhalb dieser Regionen mehr und mehr an Ansehen. International noch nicht so bekannt sind Gewürztraminer, Grüner Veltliner oder Viognier.

»Warum steht Pinot Grigio gerade bei deutschen Weintrinkern so hoch im Kurs?«

Jeder Schluck dieses Weins – in Touristendeutsch ›Pino Gridscho‹ – bedeutet ein Stück Italien, fröhlich-unkomplizierte Lebensart – sozusagen Urlaub im Glas. Die meisten Pinot Grigios sind leicht bis nichtssagend. Sie stellen keine besonderen Ansprüche an den Weinfreund.

»Warum ist die Chardonnay-Traube so beliebt?«

Der Winzer schätzt die Traubensorte, weil sie in Anbau und Keller sehr unkompliziert ist, praktisch auf jedem Boden und in jedem Klima wurzelt. Der Weinfreund liebt Chardonnay wegen der leichten Säure, dem angenehmen, nicht zu prägnanten Aroma, und weil er rund und weich schmeckt. Chardonnay ist bestens für den Ausbau im Barrique geeignet und bringt dadurch den Typus Wein hervor, der immer noch im Trend liegt.

»Welche weißen Rebsorten sind im Kommen?«

1. Die gehaltvollen und säurearmen Weine der Viognier-Rebe von der Nord-Rhône, aus Südfrankreich, Kalifornien und in-

zwischen auch aus Südaustralien. **2.** Die Weine der Chenin-Blanc-Traube, von der Loire und jetzt auch aus Südafrika. Es gibt sie als trockene bis restsüße Variante, aber auch ausgebaut als sehr langlebige, edelsüße Weine. **3.** Deutsche Weißburgunder. **4.** Grüner Veltliner aus Österreich. **5.** Sémillon aus Australien, sortenrein ausgebaut, mit feinem Nuss-Honig-Aroma. In Chile fallen Weine aus dieser Traubensorte in der Regel frisch und zart aus.

»Welche Stilrichtungen gibt es zwischen den einzelnen weißen Rebsorten?«

1. Der rassige, frisch-fruchtige Typ mit höherer Säure wie Riesling, Chenin Blanc, Sauvignon Blanc, Grüner Veltliner, Albariño, Pinot Bianco bzw. Weißburgunder. **2.** Der aromatische Typ mit sanfter Säure und saftigem Körper, wie Chardonnay, Viognier, Pinot Grigio bzw. Grauburgunder, Marsanne, Roussanne, Sémillon, **3.** Der geschmacksneutrale Typ:

Trebbiano, Cortese (Gavi), Garganega (Soave), Vernaccia (San Gimignano), Verdicchio. **4.** Bukettsorten mit fein- bis kräftig-würzigem Aroma, mittelschlankem bis kraftvollem Körper, repräsentiert durch Rebsorten wie Müller-Thurgau, Gewürztraminer, Morio-Muskat, Verdejo (span.), Tokay.

ROTE REBSORTEN

»Welche roten Rebsorten gibt es, und wie kann man sie unterscheiden? «

Rote Rebsorten zeichnen sich durch eine rötliche Trauben- haut aus. Bei den farbintensivsten roten Sorten sind sogar im Fruchtfleisch rote Farbstoffe eingelagert. Diese Sorten er- kennt man im Herbst zur Zeit der Reife schon von weitem, weil sich selbst die Blätter rötlich färben, bevor sie abfallen. Die unterschiedliche Farbintensität der Trauben beeinflusst die Farbe des Weins. Pinot Noir oder Blauburgunder ist z. B.

heller als Cabernet Sauvignon. Ein weiterer wichtiger Unterschied zwischen den einzelnen roten Rebsorten besteht in ihrem Gehalt an Säuren und Tanninen, also den Gerbstoffen, die Zunge und Gaumen pelzig machen und adstringierend wirken. Merlot beispielsweise ist säureärmer als Sangiovese, die Hauptrebsorte des Chianti Classico und des Brunello di Montalcino. Außerdem spielt das Aroma noch eine wichtige Rolle. Pinot Noir z. B. schmeckt und duftet jung nach Veilchen, Himbeeren und Kirschen. Junge Cabernet-Sauvignon-Weine hingegen erinnern deutlich an Paprika und Schwarze Johannisbeeren.

»Welche roten Rebsorten zählen zu den renommiertesten der Welt?«

Die Liste der renommiertesten Rotweinsorten weltweit führen an: Cabernet Sauvignon, Pinot Noir, Merlot, Syrah in Frankreich (in der Neuen Welt Shiraz genannt). In Europa

zählen außerdem die italienischen Sorten Nebbiolo und Sangiovese zu den Spitzen, in Spanien die Edelsorten Tempranillo bzw. Tinto de Pais in der Region Ribera del Duero und in Kalifornien der Zinfandel. An der Spitze der meistangebauten Rotweinsorten der Welt stehen Grenache (frz.) bzw. Garnacha (span.) und Carignan (frz.) bzw. Cariñena (span.), die im Languedoc-Roussillon aus den Trauben alter Reben grandiose Qualität hervorbringen. Herausragend ist die Qualitätssteigerung der Carmenere in Chile.

»Welche roten Rebsorten sind im Kommen?«

Carmenere, Mourvèdre (Frankreich) bzw. Monastrell (Spanien), Lemberger bzw. Blaufränkisch (Österreich), Zweigelt (Österreich), Dornfelder (Deutschland), Primitivo (Süditalien) und Cabernet Franc von der Loire und Nero d'Avola (Italien).

Im Weinkeller

Wie wird aus Trauben Wein?

»Was ist eigentlich Wein?«

Wein ist ein Getränk aus dem Saft reifer Weintrauben, entstanden durch alkoholische Gärung mit Hilfe von Weinhefe.

»Wie entstehen die meisten Weißweine?«

1. Nach der Traubenlese werden in der Regel die reifen Weißweintrauben im Weinkeller maschinell entrappt, das heißt, die einzelnen Beeren vom Traubengerüst getrennt und dann gemahlen. Dabei werden sie eingemaischt, also sanft zerdrückt, bis der erste Most abläuft.

2. Durch sanftes Auspressen der Maische oder ganzer Trauben in einer Weinpresse oder Kelter wird der restliche Most gewonnen.

3. Dieser frische, noch leicht trübe Most bleibt danach entweder über Nacht im Fass, damit die schwebenden Trubteilchen sich absetzen können, oder wird mit Hilfe eines Separators geklärt.

4. Am nächsten Tag kommt der fast klare Most nach einer schwachen Schwefelung und eventuellen Zugabe von Reinzuchthefen in ein sauberes, neues Fass, wo die alkoholische Gärung stattfindet.

5. Durch Probieren des Jungweins erkennt der Kellermeister den Zeitpunkt, wann die Gärung abgeschlossen ist. Jetzt ›blubbert's‹ nicht mehr im Fass. Der Jungwein wird von der toten Hefe getrennt, entweder durch Filtration oder auf natürlichem Weg, indem man die Hefe auf den Boden absinken lässt und sie leicht vom Wein separieren kann. Der Kellermeister nennt diesen Vorgang ›Abstich‹.

6. Aus der Fassöffnung, dem Spundloch, fließt jetzt der klare, junge Wein. Vor der Abfüllung braucht er noch etwas Ruhe.
7. Diese Phase verbringt der Jungwein je nach Weintyp für kürzere oder längere Zeit im Edelstahltank oder im Holzfass, bevor er geschwefelt, anschließend in Flaschen gefüllt und verkorkt wird.

»Und wie entstehen weiße Barrique-Weine?«

Von der Ernte bis zur Pressung der Trauben haben weiße Barrique-Weine den gleichen Werdegang wie ›normale‹ Weißweine. Der Unterschied besteht im Ausbau oder in der Lagerung: Einige Weine vergären zunächst im Edelstahl, erst anschließend findet die Reife im Barrique statt. Bei anderen erfolgt schon die Vergärung im kleinen Holzfass, ebenso wie die Reife. So geht die Traubenfrucht mit dem Holz eine bessere Verbindung ein.

»Was ist Rosé-Wein?«

Wein aus roten Trauben, allerdings wie weiße Trauben schnell abgepresst, damit sich im Most nur wenig Farbe aus den Traubenhäuten lösen kann.

»Wie kommt die Farbe in den Rotwein?«

Die roten Farbpigmente stecken vor allem in der Traubenhaut, selten auch im Fruchtfleisch. Um die roten Farbstoffe herauszulösen, geht man folgendermaßen vor:
1. Die roten Trauben werden zunächst entrappt, also die Beeren vom Traubengerüst entfernt.
2. Sie werden gemahlen, also zerquetscht bzw. eingemaischt.
3. Anschließend wird die Maische, dieses Gemisch aus Saft und zerquetschten Trauben, einige Tage, in seltenen Fällen wochenlang, vergoren. Bei einer Temperatur von 22 °C bis über 30 °C beginnt die Gärung. Der entstehende Alkohol löst die Farbstoffe aus den Traubenhäuten und färbt den gärenden

Most zunehmend rot. Durch die sich bei der Gärung entwickelnde Kohlensäure schwimmen die Traubenhäute obenauf. Der Kellermeister sorgt anfangs dafür, dass sie immer wieder in den gärenden Most getaucht werden, sodass sich ausreichend Farbstoffe lösen können.

4. Nach der Gärung wird der Jungwein von der nassen Maische getrennt, und die Maische abgepresst. Beide Partien kommen in unterschiedliche Fässer. Der abgepresste Anteil des Jungweins schmeckt viel herber, weil der Gerbstoffgehalt höher und der Fruchtanteil niedriger sind als die des ungepressten Jungweins. Für hochwertige Weine wird der ungepresste Jungwein bestenfalls mit einem kleinen Anteil des Pressweins verschnitten.

»Was passiert bei der alkoholischen Gärung?«

Bei der alkoholischen Gärung spalten Hefen den vorhandenen Zucker, z.B. im süßen Traubensaft, zur Hälfte in Alkohol und Kohlendioxid (CO_2). Je wärmer die Umgebung, umso aktiver und schneller arbeiten die Hefen.

»Was bedeutet temperaturkontrollierte Gärung?«

Bei der Gärung entsteht neben Alkohol und Kohlendioxid auch viel Wärme. Die Temperatur würde ohne Kühlung rasch auf 25 °C bis über 30 °C steigen. Bei über 33 °C drohen die Hefen abzusterben und könnten den Zucker dann nicht weiter vergären. Die Folge wäre, dass in heiß vergorenen Weinen Restzucker verbliebe. Sie würden süß und weniger fruchtig-frisch schmecken als kalt vergorene Weißweine (unter 18 °C). Das gilt auch für fruchtig-frische Rotweine. Der moderne Weinfreund bevorzugt frische Frucht. Deshalb ist die Temperaturkontrolle heute in der Kellerwirtschaft so wichtig geworden.

»Was sind Weinhefen?«

Weinhefen sind kleinste Organismen, die zur großen Familie der Pilze gehören. Sie treten in der Natur überall dort auf, wo auch Zuckerlösungen vorkommen. Zur Zeit der Lese leben sie bevorzugt auf der Traubenoberfläche, besonders gern aber in den mikrofeinen Rissen der prallen, reifen Beeren, wo der süße Saft austritt. Die Weinhefen *(Saccharomyces cerevisiae)*

vermehren sich nur dann ausreichend, wenn die Trauben gesund sind und möglichst lange nicht mehr gespritzt wurden. Sobald der aus den Beeren gepresste Saft zu Wein geworden ist und keinen vergärbaren Zucker mehr enthält, sterben die Hefen ab und sinken zu Boden.

»Was unterscheidet Reinzuchthefen von wilden Hefen?«

Reinzuchthefen werden im Labor mit ganz präzise definierten Aroma- und Gäreigenschaften gezüchtet. Damit ist der Winzer auf der sicheren Seite, weil Reinzuchthefen selbst in schlechteren Jahren den Traubensaft problemlos vergären lassen können. Der Nachteil: Selbst Weine aus unterschiedlichen Rebsorten können, mit derselben Reinzuchthefe vergoren, ähnlich schmecken. Wilde Hefen hingegen, die in der Natur vorkommen, verleihen dem Wein Eigenständigkeit und Charakter. Voraussetzung sind allerdings gesunde und wenig gespritzte Trauben, da andernfalls im Keller Gärprobleme auftreten.

»Was ist Federweißer, und warum ist er so trüb?«

So nennt man den Traubensaft, der gerade zu gären begonnen hat und etwa 2 bis 4 % Vol Alkohol enthält. In manchen Regionen Deutschlands heißt er auch Süßer oder Rauscher, in der Schweiz Sauser und in Österreich Heuriger. Seine gelblich-trübe Farbe erhält er von den noch im Wein befindlichen aktiven Hefen.

Vorsicht: Federweißer ist noch süß und reich an Kohlendioxid. Ein Glas zu viel bedeutet Kopfschmerzen.

»Welche Unterschiede bestehen zwischen einem Edelstahltank und dem traditionellen großen Holzfass?«

Edelstahltanks sind leichter zu reinigen, die Kontrolle der Gärtemperatur ist viel einfacher als bei Holzfässern. Für fruchtbetonte, frische Weißweine und leichte Rotweine ist der Edelstahltank die bessere Wahl, für die Fruchtentwick-

lung und Struktur feiner, komplexer Rotweine ist das Holzfass vorzuziehen.

»Was bedeutet Milchsäuregärung?
Wann findet sie statt?«

Aus den Blättern und Trauben stammende Milchsäurebakterien wandeln ohne äußere Einflüsse bei höheren Temperaturen (etwa über 15 °C) sofort nach der ersten, also der alkoholischen Gärung, die sauer schmeckende Äpfelsäure in mildere Milchsäu-

re um (man nennt das bakteriellen Säureabbau). Im Barrique gereifte Weiß- und Rotweine schmecken dann harmonischer und runder.

»Was ist ein Barrique?«

Name für das 225-Liter-Eichenholzfass, das ursprünglich aus Bordeaux stammt und heute in aller Welt verwendet wird. Barrique-Weine riechen und schmecken nach Vanille, Karamell und leicht rauchig – Aromen, die viele Weinfreunde lieben und sich einiges kosten lassen, selbst wenn sie von hineingerührten Holzstückchen oder Spänen stammen. Weder der Begriff Barrique-Wein noch die Machart, also die Reife im Fass, sind gesetzlich geschützt.

»Wie lange reift ein Wein im Fass?«

Das hängt von vielen Dingen ab, vom Jahrgang, der Rebsorte, dem Stil des Winzers oder der Region. Rotweine reifen üblicherweise unter anderem wegen des höheren Gerbstoffanteils und der kräftigeren Frucht länger im Fass als Weißweine, ausgenommen Rotweine Typ Beaujolais Primeur. In

einigen Regionen ist die Reifedauer gesetzlich geregelt. Ein Brunello di Montalcino muss z. B. 24 Monate im Holzfass reifen. Nicht-Barrique-Weine, das sind vor allem Weißweine, werden im Frühjahr nach der Weinlese gefüllt. ›Jahrgang 2000‹ bedeutet z. B., dass die Trauben im Herbst 2000 gelesen wurden, und der Wein im Frühjahr 2001 auf die Flasche kam, wenn er noch frisch und fruchtig schmeckt. Barrique-Weine reifen dagegen länger, oft über ein Jahr lang, weiße Barrique-Weine kürzer als rote.

»Müssen Weine immer geschwefelt werden?«

Unbedingt, bei schlechter Traubenqualität und weil sonst der Wein zu schnell reift bzw. oxidiert und sein Aroma verliert. Die zugesetzte Schwefelmenge ist selten der Grund für Kopfschmerzen, höchstens bei ganz billigen Weinen. Ursache für den Kater ist vielmehr ein zu hoher Alkoholkonsum, oft in Verbindung mit Nikotingenuss. Auch eine allergische Reaktion (Histamin-Unverträglichkeit) ist möglich.

»Kann ich auch zu Hause Wein herstellen?«

Was man braucht, sind süße Trauben, etwas Weinhefe (die erhält man in der Apotheke oder Drogerie) und einen sauberen Behälter aus Porzellan, Glas oder am besten aus Edelstahl.

Hier die einzelnen Arbeitsschritte für den Hobby-Weinmacher:

1. Die ganzen Trauben waschen.
2. Die Beeren von den Traubenstielen trennen.
3. Die Beeren sanft zerdrücken.
4. Die Hefe in diesem Gemisch aus zerquetschten Beeren und Saft (der Winzer sagt dazu Maische) gut unterrühren.
5. Bei etwa 18 bis 20 °C zugedeckt gären lassen.
6. Wenige Tage später ist aus dem Saft ein trockener, aber noch leicht trüber Wein geworden, in der Qualität natürlich sehr schlicht – aber selbstgemacht.

Wie kommen die Perlen in den Sekt?

»Was ist eigentlich Schaumwein, und was ist Sekt?«

Schaumwein ist der Sammelbegriff für das zweimal vergorene, schäumende Getränk, bereitet aus weißen und/oder roten Weintrauben. Sekt ist die gebräuchliche Bezeichnung für Schaumweine in Deutschland.

»Und warum perlt Champagner und Sekt?«

Für die zweite Gärung wird einem ausgewählten Wein, dem sogenannten Grundwein, oder einem Verschnitt verschiedener Grundweine eine Mischung aus Hefe und Zucker (um die 24 g/l) zugesetzt. Die Gärung findet immer in einem hermetisch verschlossenen Behältnis statt, entweder in riesigen Edelstahltanks (für günstige Markensekte) oder in der Flasche (Champagner oder Schaumweine aus Deutschland wie die traditionell vergorenen Winzersekte). Die Hefe spaltet den Zucker in Alkohol und Kohlendioxid, dadurch entsteht in der Flasche ein Druck von vier bis fünf Atmosphären. Je kühler und langsamer diese Vergärung verläuft und je länger der Schaumwein oder Champagner im Anschluss an die Gärung auf der Hefe reifen kann, umso feiner und anhaltender sind schließlich die Perlen, und umso edler ist dann auch das Aroma.

»Was ist ein Sektgrundwein?«

Das ist Wein einer Rebsorte oder – wie bei Champagner und gutem Sekt – eine Cuvée (Verschnitt) aus mehreren Rebsorten oder vielen, manchmal mehr als 100 verschiedenen Weinen. Dieser Grundwein wird versektet, also zum zweiten Mal vergoren.

»Welche Rebsorten sind besonders für die Schaumweinbereitung geeignet?«

Die weißen Sorten Chardonnay und Weißburgunder (Pinot Blanc/Bianco) sowie die roten Sorten Pinot Noir und Pinot Meunier (Müllerrebe). Generell sollte eine für Schaumwein geeignete Sorte nicht zu viel Säure, nicht zu viel Frucht und einen runden Körper aufweisen. Eine Ausnahme bilden die fruchtbetonten und eleganten Schaumweine aus der Rieslingtraube, besonders wenn sie nach traditioneller Methode in der Flasche vergoren und auf der Hefe gereift wurden.

»Was sind Markensekte?«

Sekte mit einem Markennamen, wie z.B. Mumm, Söhnlein Brillant, Henkell Trocken, Kupferberg Gold etc. Sie vergären alle im Edelstahltank und stammen meist von Trauben aus Süditalien oder Südfrankreich, selten aus Deutschland.

»Was ist ein Winzersekt?«

Sekt von eigenen Trauben eines Winzers, oft aus einer Rebsorte und wie Champagner traditionell flaschenvergoren.

»Welche Unterschiede bestehen zwischen Champagner und Crémant?«

Champagner kommt nur aus der nordfranzösischen Region Champagne, Crémants kommen aus verschiedenen Regionen in Frankreich. Die bekanntesten: Crémant d'Alsace, Crémant de Loire, Crémant de Bourgogne. Alle werden wie Champagner traditionell in der Flasche vergoren, enthalten aber weniger Kohlensäure, und sie werden nicht, wie Champagner, nur aus Pinot Noir, Chardonnay und/oder Pinot Meunier, sondern auch aus anderen Rebsorten bereitet, wie der Crémant de Loire aus Chenin Blanc.

»Was unterscheidet tankvergorenen von flaschen-vergorenem Schaumwein?«

Im Edelstahltank vergorene Sekte bekommen nach der Gärung die Hefe herausgefiltert, und der dann klare, junge Sekt wird in Flaschen gefüllt und verschlossen. Bei flaschenvergorenen Schaumweinen muss die Hefe von Hand oder mit Hilfe einer Maschine abgerüttelt werden. Die traditionelle Methode ist aufwändiger und kostenintensiver.

»Warum sollten gute Schaumweine einige Monate, die besten gar viele Jahre lang auf der Hefe reifen?«

Reife auf der Feinhefe gibt guten Schaumweinen mehr Geschmack, Charakter und verfeinert schließlich auch noch die Perlage bzw. den Schaum, das Mousseux (frz.). Die Reifezeit von Spitzen-Champagnern beträgt zwischen drei und mehr als zehn Jahre.

»Was bedeutet handgerüttelt?«

Nach der zweiten Gärung muss bei der traditionellen Flaschengärung die tote Hefe aus der Flasche entfernt werden, da der Schaumwein sonst trüb bleiben würde. Dafür steckt man die Flaschen kopfüber in Rüttelpulte, Holzgestelle mit Löchern, die etwas kleiner als der Flaschenumfang sind. Der Flaschenrüttler oder *remueur* (frz.) dreht die Flasche nun täglich und regelmäßig von Hand stets um eine halbe Drehung und stellt sie dabei immer steiler ins Pult, bis die Hefe in den Flaschenhals gerutscht ist.

»Was bedeutet degorgieren?«

Nachdem der Rüttelvorgang bei der traditionellen Flaschen-gärung abgeschlossen ist, wird der Flaschenhals kopfüber in eine Kühlflüssigkeit getaucht. Die Hefe gefriert dadurch zu einem Eispfropfen. Um ihn zu entfernen wird die Flasche geöffnet. Der während der Gärung entstandene hohe Innen-druck schleudert den vereisten Pfropfen schließlich heraus, zusammen mit etwas Schaumwein, der danach wieder aufge-füllt werden muss.

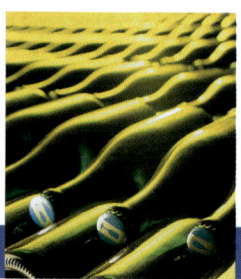

»Was versteht man unter Dosage?«

Mit dem herausgeschleuderten Eishefepfropfen, also beim Degorgieren, geht auch immer eine gewisse Menge Schaumwein verloren, die wieder aufgefüllt

wird – meist zusammen mit der Dosage. Dieses Zuckerge-misch beeinflusst den Geschmack des Schaumweins. Die Höhe des zugegebenen Zuckers entscheidet über den Süße-grad. Alle Schaumweine und Champagner – die meisten wer-den als *Brut* oder *Brut de Brut* verkauft – enthalten diese sogenannte Versanddosage, also mehr oder weniger Zucker, mit Ausnahme der als *Extra Brut, Brut Zéro* oder *Brut Non Dosé* bezeichneten.

»Ist die Qualität eines Plastikkorkens so gut wie die eines Naturkorkens?«

Alle günstigen Sekte und die Standard-Cuvées der Champa-gner-Häuser sind sofort, wenn sie beim Erzeuger den Keller verlassen, trinkfertig. Daher täte es auch ein Plastikkorken, doch ein Naturkorken ist viel ästhetischer, und sein ›Plopp‹ klingt verheißungsvoller.

WEINTRENDS

ROTWEIN ÜBER ALLES

»Warum liegt Rotwein weltweit im Trend?«

Die funkelnde Farbe, die sanfte Säure und der würzige, runde Geschmack erinnern uns Deutsche an Urlaub, Sonne und mediterrane Küche. Amerikaner trinken Rotwein für ihre Gesundheit. Dieser Trend setzte ein, als 1991 im Fernsehen zur besten Sendezeit der Begriff *french paradox* geprägt wurde, demzufolge Franzosen nach Herzenslust essen und Wein trinken, ohne dass es ihrem Herzen schade. Im Gegenteil, so verkündeten die Ernährungswissenschaftler, das Herzinfarktrisiko nehme durch mäßigen, aber regelmäßigen Rotweingenuss sogar ab. Natürlich vervierfachte diese Nachricht im Land der Gesundheitsfanatiker den Rotweinkonsum.

Hinzu kommt der Boom teurer Weine. Es gilt als chic, in Spitzen-Restaurants teure Weine zu bestellen und damit Freunde oder Kunden zu beeindrucken.

»Woher stammt der Rotweinboom?«

Das Bordelais, das Weinbaugebiet rund um die Stadt Bordeaux im Südwesten Frankreichs, ist das Mutterland des internationalen Rotweinboom. Die Weine dieser Region wurden weltweit mehr als alle anderen kopiert. Doch die Weinmacher außerhalb Frankreichs haben sich längst von ihrem Vorbild gelöst und keltern inzwischen, auch unter anderen klimatischen Bedingungen, aus den Bordeaux-Trauben Cabernet Sauvignon und Merlot Spitzenweine mit eigenem Profil. In vielen Blindproben haben nichtfranzösische Rotweine aus diesen Rebsorten ihre ehemaligen berühmten Vorbilder immer wieder auf die hinteren Plätze verwiesen.

»Schmecken die heutigen Rotweine anders als die vor etwa 20 Jahren?«

Seit dem Jahrgang 1987 hielt in erster Linie in den Kellern von Bordeaux, in einigen wenigen schon etwas früher, eine Technik Einzug, die heute in keinem modern geführten Weingut mehr fehlt: Und zwar die Temperaturkontrolle während der alkoholischen Gärung, sodass viele Weine heute frischer und fruchtiger schmecken. Hinzu kamen noch weitere Methoden, um die Frucht des Weins beeriger und saftiger und vor allem Rotweine deutlich früher trinkbar zu machen. Unsere Eltern und

Großeltern mussten noch viel mehr Geduld aufbringen, bevor ein Wein seinen Höhepunkt erreichte. Besonders Rotweine aus Übersee sind heute so konzipiert, dass sie relativ bald zu genießen sind.

»Welche Rotweine sind noch teilweise Geheimtipps und oder schon Trendweine?«

Rotweine aus sogenannten autochthonen, den alteingesessenen Rebsorten. In Italien, Spanien und Frankreich wächst eine große Vielzahl dieser Reben. Sie verlassen nur selten ihre Region, können sich aber auch, wie Cabernet Sauvignon, zum Weltenbummler entwickeln. Rebsorten, die in den letzten Jahren im Trend liegen sind Cabernet Franc, Carmenere (Chile), Primitivo (Süditalien), Syrah (Languedoc), Tannat (Uruguay), Blaufränkisch, Pinotage (Südafrika), Grenache, Malbec, Mourvèdre, Aglianico, Nero d'Avola.

»Warum trinken Menschen lieber Rot- als Weißwein?«

Rot ist die Farbe der Liebe, der Wärme und des Blutes. Daher assoziiert in unserer Kultur nahezu jeder Rotwein mit diesen Begriffen. Rotwein besitzt aber nicht nur diese Farbe, die von hellrot bis schwarzrot changieren kann, sondern noch eine Dimenison mehr als Weißwein: Gerbstoff, der sich am Gaumen mehr oder weniger adstringierend oder ruppig-trocknend präsentiert. Dieser Gerbstoff, der im besten Fall dem Wein zusätzlich Kraft und Struktur verleiht, lässt vom Erlebnispotenzial her die meisten Weißweine verblassen. Ein Rotwein bietet ein größeres Geschmackserlebnis. Rotwein hat alles, was Wein als Getränk bieten kann: frische bis beerig-intensive Frucht, Leichtigkeit bis üppige Kraft oder sogar ein feuriges Temperament. Lässt man sich auf diese Variationsbreite ein, erfährt man zarte Rotweine, die leicht gekühlt im Sommer köstlich schmecken, oder edle, charaktervolle Typen sowie muntere, saftige Rotweine, z. B. aus Übersee, die einfach nur Spaß machen.

»Was unterscheidet einen leichten von einem schweren Rotwein?«

Ob leicht oder schwer – das sind Empfindungen, die nichts mit dem Alkohol zu tun haben. Ein Irrtum, der sich hartnäckig hält. ›Leichte‹ Rotweine verfügen nicht zwingend über weniger Alkohol. Der Eindruck entsteht viel eher über die besonders frisch-muntere Fruchtigkeit, einhergehend mit weniger Gerbstoff. Anders als bei einem ›schweren‹ Rotwein mit viel Substanz, der vor Kraft, Gerbstoff, viel beeriger Frucht und Struktur strotzt, dann auch noch lange nachschmeckt, während der Nachhall eines ›leichten‹ Weins schon längst verklungen ist. Einen Beaujolais Primeur z. B. wird jeder Weintrinker als leicht bezeichnen, einen Bordeaux dagegen als schwer. Doch beide können den gleichen Alkoholgehalt von 12,5 % Vol aufweisen. Die als leicht empfundenen Rotweine liegen nicht selten in der Säure höher und schmecken schon deshalb frischer, fruchtiger – und somit irgendwie leichter.

Süsse Träume

»Was sind edelsüße Weine?«

Köstliche, aber seltene Weine mit hohem, natürlichem Restzucker, fein ausgewogener Säure und großer Fruchtfülle. Sie sind das Ergebnis mühevoller Winzerarbeit, verbunden mit dem Bangen, dass kurz vor der Lese Regen fällt, und die Trauben dadurch nicht ›edel‹ faulen, sondern von simplen Schimmelpilzen zerstört werden.

»Was bedeutet Edelfäule?«

Wenn das Wetter im Herbst morgens feucht und neblig und tagsüber warm und sonnig ist, vermehrt sich der Edelschimmelpilz *Botrytis cinerea* auf den Trauben. Er durchbohrt mit seinen Pilzfäden die Beerenhaut und durchlöchert sie, sodass allmählich der Wasseranteil der Traube verdunstet, sich der

Zucker wie alle Inhaltsstoffe konzentriert und die Beeren rosinenartig einschrumpfen. Die Erntemenge ist gering, die Qualität hoch.

»Welche Qualitätsunterschiede gibt es bei Süßweinen?«

Zu den besten der Welt gehören die Beeren- und Trockenbeerenauslesen von Riesling und Scheurebe, Sauternes aus Bordeaux und die Edelsüßen vom Neusiedler See, die spät gelesenen Gewürztraminer aus dem Elsass sowie Chenin Blancs von der Loire, Recioto und Vin Santo aus Italien. Top sind ebenso Portweine, Madeiras oder süße Sherrys, die jedoch anders als die oben genannten bereitet werden. Ein guter Süßwein kann nie billig sein, denn in seiner Herstellung steckt viel Winzerarbeit, die sich im Preis niederschlägt.

Jede Menge Holz

»Gab es schon immer so viele Barrique-Weine?«

Früher, bis vor gut 20 Jahren, reiften nur in Bordeaux und Burgund die Weine in kleinen Eichenholzfässern. In anderen Kellern lagerten sie in großen Fässern mit mehr als 1000 Litern Inhalt. Das würzige Holzaroma, der Duft nach Vanille, Rauch und Karamell, für den Weinfreunde heute oft vollkommen überzogene Preise zahlen, war noch nicht in Mode gekommen. Der Barrique-Ton ist so beliebt, dass er, selbst überdosiert und die Frucht des Weins überdeckend, akzeptiert wird. Dem Trend folgend, hat weltweit heute nahezu jeder Winzer einen oder mehrere Barrique-Weine im Programm – im nördlichen Europa oft genug, bedingt durch ihre zarte Frucht und höhere Säure, von eher mittelmäßiger Qualität. Ganz anders stellen sich die Weine aus Übersee dar: ihre dank des Klimas füllig-beerige Frucht kann die deutlichen Barrique-Noten bestens integrieren.

»Wie kommt der Holzton in den Wein?«

Am besten schmeckt ein Barrique-Wein, wenn er nicht nur im kleinen Holzfass vergoren wurde, sondern auch anschließend darin reifte. Das Holzaroma ist umso intensiver, je neuer das Fass, je stärker der Einbrand und je länger die Reifezeit. Alternativ zum teuren Holz (ein neues Barrique aus französischer Eiche kostet etwa 600 Euro) hängen einige Winzer während der Gärung ein Säckchen mit Holzstücken in den Wein oder streuen Holzspäne ein. Durch die Wärme und den entstehenden Alkohol gehen so Holzaromen in den Wein über. Solche Weine sind weniger ausdrucksstark als ›echte‹ Barrique-Weine.

»Welches Holz ist für Wein geeignet?«

Große Fässer werden je nach Weinregion aus Akazie, Eukalyptus, Pinie, Kastanie oder Zypresse hergestellt. In Italien, in der Region des Chianti Classico, werden z.B. große Fässer

(1200 Liter) aus slowenischer Eiche verwendet. Für den Bau der kleinen Fässer (225, 300, 500 Liter) ist französisches Eichenholz der Sorten Allier, Nevers und Tronçais sehr beliebt oder amerikanische Eiche, die Rotweinen aus Kalifornien, Spanien und Australien ein besonders würzigkräftiges Aroma verleiht. Die Holzfässchen werden vor Gebrauch eingebrannt, im Fachjargon Toasting genannt. Man unter-

scheidet zwischen leicht, mittel und stark getoastet. Je stärker das Holz getoastet oder eingebrannt, umso intensiver schließlich das rauchig-karamellige Aroma des Weins.

»Sind ›Holzweine‹ besser als Weine ohne Holz?«

Hochwertige Weiß- und Rotweine geeigneter Rebsorten gewinnen ganz sicher durch die Gärung und Reife im kleinen Holzfass an Ausdrucksstärke und Komplexität. Sie sind dann auch besser als Weine ohne Holzausbau. Fruchtbetonte, elegante Weine hingegen mit weniger Substanz, aber viel Säure und Vitalität verlieren durch die Lagerung im kleinen Holzfass ihre frische Frucht und Lebendigkeit und werden vom holzeigenen Gerbstoff dominiert.

»Woher kommen im Holz ausgebaute Trendweine?«

Vor allem aus Kalifornien und Australien, gefolgt von Chile, Südafrika, Neuseeland, neuerdings auch aus Argentinien und Uruguay. Ihr Erfolg ist so groß, dass selbst berühmte Châteaux in Bordeaux das Holz nicht mehr so fein dosieren wie zuvor, sondern ihre Weine nach dem Modell aus Übersee mit mehr Holzgeschmack ausbauen.

»Welche Rebsorten eignen sich besonders für den Ausbau im Barrique?«

Besonders gut geeignet sind der weiße Chardonnay, die roten Sorten Cabernet Sauvignon, Pinot Noir, Merlot und Syrah, also Rebsorten mit Körper, Kraft und fülliger Frucht und mit nicht zu viel Säure – das Problem der roten italienischen Topsorten wie Sangiovese oder Nebbiolo. Abhilfe schafft hier der Zusatz von etwas Merlot oder Cabernet Sauvignon. Der Wein schmeckt dann natürlich auch anders. Weiße Rebsorten mit höherer Säure und viel eleganter Frucht wie der Riesling sind nicht geeignet.

NEUE WELT – ALTE WELT

»Welche Weinregionen sind die bedeutendsten in der Neuen Welt?«

Unter dem Begriff Neue Welt werden die Weinregionen in Übersee – außerhalb Europas – zusammengefasst: Kanada und die Vereinigten Staaten von Amerika mit New York, Washington, Oregon und Kalifornien; Südamerika mit Chile, Argentinien, Uruguay und Brasilien; Südafrika; Australien und Neuseeland sowie einige Anbauregionen in Indien, China und Japan.

»Wie schmecken die Weine der Neuen Welt?«

Die Rotweine schmecken sanft und beerig, die Weißweine dagegen fruchtig, rund und körperreich. Im Vergleich mit den Weinen der Alten Welt (Europa) sind selbst hochklassige Qualitäten oft leichter zugänglich und zuweilen recht holzbetont. Ausgleich schafft die klimatisch bedingte füllige Frucht. Weinliebhaber mit der Vorliebe für einen schnellen Trinkgenuss und ohne ausreichende Lagermöglichkeiten sind mit den eher trinkfertigen Weinen aus der Neuen Welt bestens beraten.

»Welches sind beim Wein die wichtigsten Unterschiede zwischen Übersee und Europa?«

Hinter den Weinen der Alten und der Neuen Welt stehen ganz unterschiedliche Konzepte. Wenn in der Alten Welt auf dem Etikett Bordeaux steht, ist auch Bordeaux drin. In der Neuen Welt findet man dagegen in einer Flasche oft harmonisch abgestimmte Weine verschiedener Regionen. Wichtiger als der Regionaltypus ist in Übersee die Typizität der Rebsorte, die mit ausgefeilter Technik zum Strahlen gebracht wird. In Europa entscheidet für die Herstellung eines Weins vor allem der Einfluss von Tradition und Terroir, dem Zusammenspiel aus Boden, Lage und Klima. Noch immer gilt hier der Weinberg als Kapital des Weinguts. In Übersee profitiert der Weinmacher von der Fruchtbarkeit des Bodens und vor allem von dem sicheren Klima. Reife Trauben – und das in jedem Jahr: das macht jeden Weinmacher glücklich und hat viele berühmte, europäische Önologen verführt, ihre Künste mit großem Erfolg auch in Übersee umzusetzen.

»Was hat die Alte Welt, was die Neue nicht hat?«

Viel strengere Weingesetze (das strengste hat Deutschland), eine sehr lange Tradition, einen riesigen Fundus noch überwiegend unbekannter Rebsorten, deren Weine zu entdecken sind, und ein meist kühleres Klima, das im besten Fall Weine mit einem ausgewogenen Verhältnis von Frucht und Säure begünstigt. Die hier zu Lande teilweise starken Temperaturschwankungen lassen jahrgangsbedingt im Charakter unterschiedliche Weine wachsen und können zu Ertrags- wie Qualitätseinbußen führen.

»Und was hat die Neue Welt, was die Alte nicht hat?«

Kommunikation. Die Weinmacher der Neuen Welt reden miteinander und helfen sich auf diese Weise. So konnten die Winzer, vor allem die guten, den Vorsprung der europäischen Winzer nahezu aufholen – teilweise mit kellertechnischen Mitteln, die bei uns nicht angewendet werden.

»Woher kommt die intensive Beerenfrucht vieler Rotweine aus Übersee?«

Zwei gute Beispiele sind die Rebsorten Shiraz aus Australien und Zinfandel aus Kalifornien. Das heiße Klima dieser sonnenverwöhnten Länder bietet den beiden Sorten optimale Reifebedingungen. Daher bringen beide im Idealfall vollbeerige, fruchtige Weine mit viel Kraft hervor. Der Fruchtgeschmack kommt aus der Traube und wird maximiert durch entsprechende Technik. So ist es z.B. üblich, durch Mostkonzentration die Aromen zu intensivieren – vorausgesetzt, die Trauben sind reif und von guter Qualität –, wobei dem Wein Wasser entzogen wird. Ähnlich fruchtsteigernd wirkt die Mazeration vor der Maischegärung. Dafür werden die geernteten Trauben abgekühlt und bleiben einige Stunden stehen. Der austretende Most nimmt die superfrischen Aromen auf. Und noch ein Trick: man lässt den Wein in stark ausgebrannten (getoasteten) Barriques zu Ende gären. Der so ausgebaute Wein schmeckt inklusive Frucht runder.

VON KULTWEINEN, WEINGURUS UND PARKERPUNKTEN

»Was sind Kultweine?«

Weine, die man kennen, sich leisten können oder haben muss, um in zu sein, und sie kommen mittlerweile aus aller Welt und nicht mehr nur aus Bordeaux und Burgund. Meist gibt es sie nur in Kleinstauflage, oder die Nachfrage ist weltweit so hoch, dass es die Preise in astronomische Höhen treibt. Doch das stört die meisten Weinfreunde wenig. Um an die heiß begehrten Raritäten zu kommen, zahlen sie gern jeden Preis, koste es, was es wolle. Kultstatus besitzen aber auch immer noch Pinot Grigio oder Prosecco, obwohl sie alles andere als rar sind. Es ist ihr fröhlicher, italienischer Charme, das unkomplizierte, mit Urlaubserinnerungen verbundene Flair, mit dem sie seit den 1980er Jahren vor allem in Deutschland eine riesige Fangemeinde erobern konnten.

»Soll ich trotz hoher Preise Kultweine kaufen?«

Oft erlangt ein Wein Kultstatus, weil er von hoher Qualität und nur in kleinen Mengen zu bekommen ist. Mit diesen Weinen wird immer häufiger an der Börse oder auch unter der Hand spekuliert. Ihr Marktwert ist vergleichbar mit gut dotierten Aktien, also eine gute Geldanlage. Auskunft geben einige große Banken und Weinauktionshäuser.

»Sind Bordeaux-Weine Kultweine?«

Ganz sicher zählen die Weine der Spitzengüter in der Region Bordeaux dazu. Sie sind – neben den Weinen des berühmten spanischen Weinguts Vega Sicilia – die ersten Kultweine überhaupt. Weltweit versuchen Weinliebhaber, möglichst viele der gesuchten Flaschen zu ergattern und bezahlen unabhängig von der Qualität des Jahrgangs immer mehr, da die Nachfrage das Angebot weit übersteigt.

»Wer ist zur Zeit der einflussreichste Weinkritiker?«

Robert M. Parker, Jr. aus den USA – was auch immer er sagt oder in seiner Zeitschrift ›The Wine Advocate‹ schreibt, wird von seiner riesigen Fangemeinde auf der ganzen Welt unter Ausschaltung des eigenen Geschmacks nahezu widerspruchslos akzeptiert.

»Welche Folgen hat Parkers Urteil für die Produktion von Weinen? «

Wenn Robert M. Parker, Jr. Weine bewertet, vergibt er Punkte innerhalb einer Skala von 50 bis 100. Alle Weine, die über 90 Punkten liegen, sind fast umgehend ausverkauft. Deshalb keltern Weinmacher ihre Weine nach Parkergeschmack. Hohe Punktzahlen sind die beste Werbung und treiben den Preis in die Höhe, nach Bekanntgabe der Wertung um 300 bis 400 %. Der Nachteil: So entsteht weltweit ein einheitlich-vordergründiger Stil.

Wein einkaufen
Was das Flaschenetikett verrät

»Was steht auf einem Etikett?«

Das Etikett sowie das heute immer häufiger anzutreffende rückseitige Etikett der Flasche sind die Visitenkarten eines Weins. Aus den dort gemachten Angaben erfährt man das Ursprungsland (z.B. Frankreich), die Weinregion (z.B. Burgund), abhängig von der Region auch die Rebsorte, die Qualitätskategorie (AOC = *Appellation d'Origine Contrôlée; Vin de Table* = Tafelwein; *Vin de Pays* = Landwein) und eventuell wie im Burgund die Klassifikationsstufe *(Premier Cru, Grand Cru)*. Fehlt der Name des Erzeugers, wird der Wein von einem Abfüller – zu finden als verschlüsselte Nummer inklusive Kürzel – meist in Riesenauflage und oft unter verschiedenen Etiketten vermarktet.

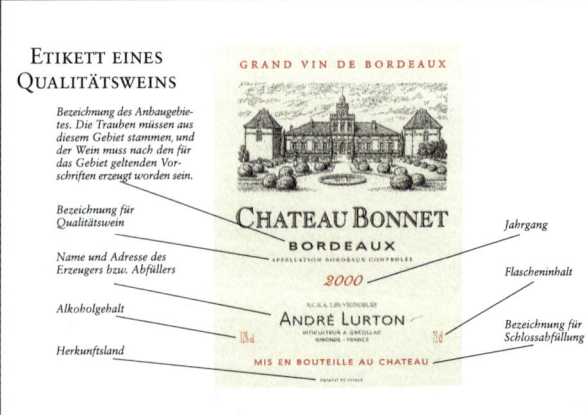

Etikett eines Qualitätsweins

Bezeichnung des Anbaugebietes. Die Trauben müssen aus diesem Gebiet stammen, und der Wein muss nach den für das Gebiet geltenden Vorschriften erzeugt worden sein.

Bezeichnung für Qualitätswein

Name und Adresse des Erzeugers bzw. Abfüllers

Alkoholgehalt

Herkunftsland

GRAND VIN DE BORDEAUX

CHATEAU BONNET

BORDEAUX
APPELLATION BORDEAUX CONTROLEE

2000

ANDRÉ LURTON
VITICULTEUR À GRÉZILLAC
GIRONDE · FRANCE

12% vol.   75 cl

MIS EN BOUTEILLE AU CHATEAU

Jahrgang

Flascheninhalt

Bezeichnung für Schlossabfüllung

»Was bedeutet ein Phantasiename auf dem Etikett?«

Phantasienamen sind oft unsägliche Kopfgeburten der Marketing-Abteilungen großer Weinfabriken. Eingängig müssen sie sein, animieren und – inklusive dem ins Auge fallenden Etikett – dem Weinkaufwilligen Lust auf genau diesen Wein machen. Qualität steht bei diesen Markenweinen, die in großen Mengen und oft aus vielen billigen Weinpositionen aus verschiedenen Rebsorten und/oder diversen Regionen zusammengeschüttet werden, vollkommen im Hintergrund. Dabei entstehen solche unsäglichen Weine wie z. B. die berüchtigte aufdringlich süße Liebfrauenmilch, die lange Zeit im In- und bis heute im Ausland den Ruf deutscher Weine geschädigt hat, oder der ebenfalls viel zu süße Mateus Rosé, ein echter Kopfschmerzwein wie der Amselfelder. Die sanfte rote Rose auf dem Etikett verführt. Leider trinken ihn hier zu Lande noch immer zu viele Menschen, statt bei einem guten Weinhändler einen geringfügig teureren, dafür aber einen viel besseren Wein zu kaufen.

»Erkenne ich die Qualität eines Weins am Etikett?«

Über die Qualität lässt ein Etikett kaum Rückschlüsse zu. Es sei denn, man kennt das Weingut und kann sich darauf verlassen. Die Rebsorte, ebenso die Region, wie z. B. Bordeaux, oder ein Urprungsgebiet wie Chianti Classico repräsentieren ein bestimmtes Geschmacksprofil. Eine gewisse Garantie für bessere Qualität gibt der Vermerk, dass es sich um eine Weingutabfüllung handelt, was immer noch besser ist als eine dieser namenlosen Massenabfüllungen. Auf deutschen Etiketten steht dann ›Erzeugerabfüllung‹, in Frankreich z. B. *Mis en bouteille au Château* oder einfach nur *Propriétaire récoltant,* in Italien ist auf dem Etikett *Imbottigliato all'Origine da Viticoltore* vermerkt und in Spanien *Embotellado en la Propiedad;* danach folgt stets der Name des Weinguts. Die Angabe des Jahrgangs liefert einen Hinweis auf die Jahrgangsqualität in jeder Weinregion. Doch solide Winzer, die ihr Handwerk beherrschen, keltern selbst in schwierigen Jahren gute bis sehr gute Qualitäten.

EINKAUF BEIM WINZER, IM LADEN, BEIM WEINVERSAND

»Muss guter Wein teuer sein?«

Gut heißt nicht automatisch teuer. Welchen Wein man als gut empfindet, hängt von der augenblicklichen Stimmung ab, von der Gelegenheit, zu der man den Wein trinkt, und nicht zuletzt vom ganz persönlichen Geschmack und der Erfahrung. Dennoch – guter Wein kann nie billig sein, weil der Winzer mehr Arbeit und Zeit in die Produktion investiert. Starken Einfluss auf den Preis hat das Renommee eines Weinguts oder einer Region. Ein Barolo, ein Bordeaux oder ein Chianti Classico lassen sich die guten Namen oft zu teuer bezahlen. Schnäppchen, also große Qualität für kleines Geld kann man in Chile, in Südfrankreich, in Süditalien, in weniger bekannten Regionen Spaniens (La Mancha) finden.

»Wo macht das Weinkaufen am meisten Spaß?«

Sicher auf einem Weingut nach einer gemütlichen Weinprobe mit dem Winzer im Keller. Hier spürt man die Atmosphäre,

entwickelt ein sinnliches Gefühl für Wein, wie er produziert wird und kann häufig mit dem Winzer vespern. Wer nicht in der Nähe einer Weinregion wohnt, kauft seinen Wein am besten in einem Weinladen mit einem breiten

Sortiment und der Möglichkeit zum Verkosten. Kompetente Beratung per Telefon oder informativ gestaltete Preislisten bietet ebenfalls ein guter Weinversand, ausführlicher informieren Weinzeitungen wie ›Wein Gourmet‹, ›Vinum‹ oder ›Alles über Wein‹. Auch kompetente Sommeliers, die Weinkellner von Top-Restaurants, helfen gern mit manch gutem Tipp weiter.

»Welcher Unterschied besteht zwischen einem Weingut und einer Winzergenossenschaft bzw. Cave Coopérative?«

Ein Weingut befindet sich meist im Besitz einer oder weniger Personen, eine Winzergenossenschaft dagegen ist ein Zusammenschluss von Weinbauern mit eigenen Weinbergen, aber ohne eigenen Keller. Die Mitglieder liefern ihre Trauben an die Genossenschaft, die sie nach Qualität des Leseguts bezahlt, die Trauben verarbeitet und den Wein auch vermarktet. Gute Winzergenossenschaften beraten ihre Winzer während

des ganzen Jahres im Weinberg und verarbeiten die gelieferten Trauben nach strengen Qualitätskriterien.

»Welchen Vorteil hat es, direkt beim Winzer einzukaufen?«

Weine an ihrem ›Geburtsort‹ zu schmecken bedeutet oft, sie erst richtig zu entdecken. Es wird eine Erfahrung, die man anschließend mit nach Hause nimmt oder die noch mehr Interesse für Wein wecken kann. Im Gespräch mit dem Winzer erhält man nicht nur Informationen über die verkosteten Weine, sondern erlebt Wein in einer ganz besonderen Weise. Denken wir z.B. an Italien. Hätte der Chianti Classico aus der Toskana jemals einen solchen Boom erlebt ohne die von Weingut zu Weingut pilgernden Weintouristen? Ganz bestimmt nicht. Mit ihren Erlebnissen in der Erinnerung gingen sie zu Hause bei ihrem Weinhändler auf die Suche nach ihren Lieblingsweinen und wirken so bis heute manchmal sogar programmgestaltend mit.

»Welche Vorteile bietet ein Weinfachgeschäft?«

Im Weinladen wird der Kunde kompetent beraten. Man hilft ihm nicht nur durch den Etiketten-Dschungel, sondern geht auch auf individuelle Geschmackswünsche ein, kann Weintipps zum Essen geben oder vermittelt einfach das Gefühl, gut aufgehoben zu sein. Weinhändler, die selbst importieren, kennen meist ihre Winzer persönlich wie auch neue Trends, reisen zu den wichtigsten Weinmessen im In- und Ausland und wissen, was in der Weinwelt passiert. Aus dem riesigen, immer größer werdenden Weinangebot aus aller Welt wählt ein guter Weinhändler eine Essenz in einer repräsentativen Bandbreite. Keine Weinfrage bleibt unbeantwortet und kein Weinwunsch offen, egal zu welcher Gelegenheit und für welchen Geldbeutel der Wein bestimmt ist.

Tipp: Fragen Sie nach Schnäppchen aus unbekannten Regionen. Außerdem bieten gute Weinläden, wie z.B. die Filialen von Jacques' Wein-Depot, die Möglichkeit, vor dem Kauf die Weine zu verkosten.

»Aus welchem Land oder welcher Region kommen zur Zeit gute Rotwein-Schnäppchen?«

Gute, günstige Rotweine gibt es in Frankreich im Languedoc-Roussillon, an der südlichen Rhône und der Loire, in Italien in Südtirol, Trentino, Venetien und überall südlich von Florenz, außerdem in Bulgarien, Ungarn und Portugal. Die Weine aus Chile und Südafrika sind zwar etwas teurer geworden, bieten aber immer noch reichlich Gegenwert. Eine lohnende Entdeckung sind Camenere aus Chile, Weine aus der Tannat-Traube in Uruguay und Rotweine unbekannterer Regionen Spaniens wie La Mancha – fast alles Regionen, die für echte, gute und günstige Überraschungen sorgen.

»Worauf soll man beim Weineinkauf achten?«

Farbe und Geschmack des Weins geben Auskunft über die Reife und die Art der Lagerung. Ein junger, ein bis zwei Jahre alter Weißwein sollte hellgelb bis grünlich sein und frisch-fruchtig schmecken, ein junger Rotwein sich beerig-fruchtig präsentieren und im Glas leicht violett bis dunkelrot funkeln. Die Füllhöhe eines jungen, gut gelagerten Weins endet knapp unterhalb der Kapsel. Nur bei sehr alten Weinen tendiert die Füllhöhe zur Schulter. Ist der Korken leicht herausgedrückt oder gar feucht, ist das ein Zeichen für hohe Temperaturschwankungen und schlechte Lagerung. Aufgepasst: Sonderangebote sind nicht immer Schnäppchen, sondern manchmal auch Ladenhüter, die ihren Reifehöhepunkt bereits überschritten haben. Die bessere Entscheidung kann zuweilen der jüngste Jahrgang sein, was besonders für Weißweine gilt. Hat ein Weinhändler zu viele solcher Weine älteren Jahrgangs im Regal stehen, sollte man vielleicht zu einem besseren Weinhändler wechseln. Haben Sie dann einen Weinladen ihres Vertrauens gefunden, gehen Sie auf Entdeckungsreise, lassen Sie sich von seinen Empfehlungen führen, denn er kann sehr schnell den individuellen Geschmack einschätzen und Sie auch mal unbekannte Weine probieren lassen.

»Was unterscheidet einen Weinversand von einem Weinfachgeschäft?«

Kunden mit Schwellenangst können beim Weinversand in Ruhe und anonym aus einem bunten Katalog meist besonders ästhetisch fotografierter und anschaulich beschriebener Weine auswählen. Beratung erfolgt nach Wunsch auch per Telefon. Die gut klimatisiert gelagerten Weine werden prompt geliefert. Bei Nichtgefallen gibt es selbstverständlich eine Rücknahmegarantie. Weineinkauf also, ohne persönlichen Kontakt zum Weinhändler und ohne die besondere Atmosphäre im Weinfachgeschäft – natürlich auch ohne das Erlebnis einer Weinprobe.

»Soll man beim Einkauf auf Analysewerte achten?«

Gute Händler bieten zur Information Analysewerte wie den Schwefelwert an, verwenden sie aber nie als Verkaufsargument. Denn sie sind kein Gradmesser für Weinqualität.

»Und woher kommen günstige, gute Weißweine?«

Gute und oft supergünstige Weißweine findet man in reicher Auswahl in Chile oder Südafrika. Hervorragend sind die elegant-fruchtigen Weine aus den Rebsorten Sauvignon Blanc, Chenin Blanc oder Viognier, der exotisch-fruchtige Chardonnay aus Australien und in Europa der würzig-fröhliche Grüne Veltliner aus Österreich.

Wein lagern

»Wie und wo kann ich meinen Wein am besten lagern?«

Weine sind stabiler als wie so oft von Profis postuliert. Für den schnellen Verbrauch ist sogar die Küche als Zwischenlager geeignet. Weine, die reifen sollen, lieben es dunkel, kühl und etwas feucht. Doch Keller mit Idealwerten – gleichmäßigen Temperaturen unter 13 °C und Luftfeuchtigkeit zwischen

70 und 80 % gibt es hier zu Lande kaum noch. Das ist kein Problem: mit wenig Aufwand lässt sich schnell ein kleinerer Raum oder eine Abstellkammer herrichten. Wichtig: Immer liegend lagern und unbedingt starke Gerüche wie in Garagennähe, in einem Heizölkeller sowie die Lagerung zusammen mit Kartoffeln oder Lagerobst vermeiden.

»Der Keller ist zum Weinlagern ungeeignet – was tun?«

Abhilfe bei zu hohen Temperaturen von mehr als 18 °C oder bei starken Temperaturschwankungen, wie in der Nähe von Heizungskellern, schaffen mit Aluminium beschichtete Styroporplatten, die man wie Tapeten an die Wände klebt. Offene Böden sind auf jeden Fall zu verschließen, damit die Feuchtigkeit aus dem Erdreich nicht aufsteigen kann. Bewährt haben sich 20 mm dicke Hartschaumplatten mit darüber verlegten trittfesten Verkleidungsplatten. Oder man verteilt bodendeckend Kieselsteine, die einen Weinkeller auch optisch aufwerten. Wer keinen Keller oder keinen Extra-

Raum hat, den man entsprechend herrichten könnte, kann notfalls – aber nicht zu lange – die Weine im Karton gut verpackt, innerhalb der Wohnung sogar im Schlafzimmerschrank oder in dunklen Nischen einlagern.

»Welche Lagersysteme sind zu empfehlen?«

Ganz klar: stabile Holzregale. Sie sind am günstigsten und sehen auch noch gut aus. Ob roh belassen oder edel lasiert, für Einzelflaschen oder mit Kammern verschiedener Größe, in Form einer Raute oder quadratisch – der Spezialist Müller-Soppart in Düsseldorf hat sie in allen Kombinationen und Variationen, auch für Großflaschen, Bocksbeutel oder Bordeaux-Kisten. Zum Entnehmen der Flaschen lässt sich in einem solchen Weinregal jede Kiste mittels angebrachter Gleitschienen leicht herausziehen. Für Leute, die oft umziehen, ist das attraktive und praktische Metallregal für 90 bis 120 Flaschen eine gute Investition.

»Und wie könnte eine professionelle Lösung aussehen?«

Vibrationsfreie Weinkühlschränke mit Temperaturstufen für Rot-, Weiß- und Schaumwein in diversen Größen oder gleich ein Profikeller mit dicht schließender Stahltür, guter Isolierung sowie hochwertigem Klimagerät.

»Sie wollen Wein sammeln oder einlagern – aber wo?«

Fragen Sie Ihren Weinhändler oder schalten Sie eine Anzeige. In manchen Städten gibt es temperierte Mietkeller, in denen man Boxen zum Einlagern mieten kann.

»Wie lange kann man Wein aufbewahren?«

Eine oft gestellte Frage, die sich nicht pauschal beantworten lässt. Die Lagerfähigkeit hängt ab von Jahrgang, Rebsorte, Weinausbau und Reifezustand des Weins beim Kauf. Im

Übrigen sollten Weinfreunde bedenken, dass lagerfähige
Weine mit Renommee wie aus Bordeaux in der Regel viel
Geld kosten. Günstiger sind Spitzenweine weniger bekannter
Regionen wie aus dem Languedoc-Roussillon.

»Wie lange müssen Weine nach einer Autoreise ruhen?«

Alltagsweine sind robust und überstehen selbst lange Reisen
bestens. Älteren Rotweinen, vor allem solchen mit Depot,
sollte man ein bis zwei Wochen Erholung gönnen.

»Soll Sekt und Champagner liegen oder stehen?«

Im Gegensatz zu stillen Weinen sollten Schaumweine ste-
hend lagern. Der Korken wird durch den feinen Kohlensäure-
Nebel im Raum zwischen Sekt und Korken gut feucht gehalten. Liegend droht der Korken stärker zu durchfeuchten. Es

könnte Korkgeschmack entstehen. Ansonsten gilt: Auf keinen Fall in grellem Licht aufbewahren, wie es in vielen Su-
permärkten und selbst in einigen Weinhandlungen geschieht.
Schaumweine sind besonders empfindlich. Sie verlieren
schnell bei falscher Lagerung ihre Frische und Frucht: also
dunkel und bei einer gleichmäßigen Temperatur von maximal
15 °C lagern. Lieber häufiger nachkaufen, wenn keine geeignete Lagerung möglich ist.

»Wie lange kann man Champagner oder Sekt lagern?«

Im Gegensatz zu guten Weinen sind fast alle Champagner und
Sekte ohne Jahrgang trinkbereit, also sofort zu genießen und
nicht für längere Lagerung gedacht. Eine Ausnahme bilden
Jahrgangs-Champagner und Prestige-Cuvées, die etwas länger
durchhalten. Wie lange, hängt vom Jahrgang und von der Qualität des Produkts ab. Ähnliches gilt für gute Sekte, wie die
deutschen Winzersekte, gute Cavas aus Spanien oder den italienischen Spitzen-Schaumwein Franciacorta.

WEIN RICHTIG GENIESSEN
ENTKORKEN UND SERVIEREN

»Worauf muss ich vor dem Entkorken einer Flasche achten?«

Richtig temperierter Wein schmeckt einfach besser. Weine sollte man also rechtzeitig aus dem Keller holen, ältere Rotweine wegen ihres Depots, den Trubstoffen im Wein, einen Tag vorher. Für Schaumwein sind 7 bis 9 °C ideal, im unteren Kühlschrankbereich dauert das etwa vier Stunden, im Weinkühler mit viel Eis nur 30 Minuten. Frische Weißweine verlangen 8 bis 10 °C, gehaltvolle Rotweine 16 bis 18 °C. Gut sind etwa 17 °C; leichte, fruchtige Rotweine um 13 °C. Zu kühle Rotweine nicht in Heizungsnähe anwärmen, besser im geheizten Raum oder kurz in die Mikrowelle – für Puristen sicher das pure Grauen.

»Schadet es dem Wein, wenn der Korken angeschimmelt ist?«

Wenn der Korken noch intakt ist, sodass der Wein nicht mit dem Schimmel in Berührung kommt, wird Pilzbefall auf der Korkenoberfläche kein Problem darstellen. Viel schlimmer ist eine Flasche mit leicht herausgedrücktem oder feuchtem Korken oder gar mit seitlich am Flaschenhals heruntergelaufener, klebriger Flüssigkeit. Das ist ein Zeichen dafür, dass der Wein irgendwann einmal sehr heiß geworden ist. Ein seriöser Weinhändler leistet in solchen Fällen, wie auch bei Wein mit Korkschmecker, anstandslos Ersatz.

»Was muss ein guter Korkenzieher leisten?«

Mit seiner Hilfe soll der Weinfreund den Korken ohne große Kraftanstrengung aus der Flasche ans Licht befördern können, den Korken dabei nicht zerbrechen oder stark zerbröseln. Das kann bei älteren Weinen durchaus passieren, wenn die Korken poröser geworden sind. Der Fachmann zieht den Korken ohne lautstarken ›Plopp‹ aus der Flasche, was nur mit gutem Handwerkszeug möglich ist. Qualitäts-Korkenzieher verfügen über eine offene Spirale, sodass man von unten nach oben hindurchsehen kann. Mit Teflon überzogene Geräte wie der *Screwpull* lassen sich gut in den Korken hineindrehen, der sich dann mühelos ziehen lässt. Billige Korkenzieher mit scharfkantigen Spiralen zerfetzen den Korken. Kurze Geräte sowie das alte T-Modell tun im Notfall zwar ihr Werk, sind aber wegen ihrer unpraktischen Handhabung keine Dauerlösung. Ein guter Helfer, der selbst in die kleinste

Tasche passt, ist das zusammenklappbare Kellnerbesteck. Das gibt es auch mit teflonbeschichteter Spirale, die sich leichter eindrehen lässt. Ein großartiges Modell ist der *Pulltap's* mit dem zweistufigen Hebelgelenk: mit der ersten Stufe wird der Korken gelockert, mit der zweiten ganz leicht herausgezogen.

»Wann sollte man umfüllen und wann dekantieren?«

Beim langsamen Umfüllen von der Flasche in eine Glaskaraffe mischt sich der Wein mit Sauerstoff. Das Aroma des Weins kann sich so viel besser entfalten. Sehr gut für junge Top-Weißweine. Beim Dekantieren will man durch das Umfüllen in eine Karaffe weniger die Aromen aufmuntern, sondern das Sediment oder Depot, das sich während der Reife guter Rotweine mit viel Farbe und Körper in der Flasche abgesetzt hat, vom klaren Wein trennen. Das Depot würde sonst den Wein unschön eintrüben. Außerdem schmeckt er dann unangenehm bitter.

»Wie wird dekantiert?«

Zum Dekantieren benötigt man eine brennende Kerze, die, unter die Flasche gestellt, die Stelle beleuchtet, wo der Wein auf Schulterhöhe aus dem Flaschenkörper in den schmalen Flaschenhals fließt. Man nimmt die Flasche in die eine, die Karaffe in die andere Hand und lässt den Wein ohne abzusetzen langsam in die Karaffe fließen. Wenn das Depot an der beleuchteten Stelle als schwarzer Streifen erscheint, wird der Dekantiervorgang unterbrochen.

»Wie lange bleiben angebrochene Flaschen frisch?«

Was sich beim Umfüllen in die Karaffe als Vorteil erweisen kann, ist für den Wein in einer angebrochenen Flasche nachteilig, besonders wenn sie schon mindestens zur Hälfte leer ist. Der dann zu hohe Sauerstoffanteil haucht dem Wein nicht wie beim Umfüllen Leben ein, sondern nimmt ihm die frische Frucht und Fruchtigkeit. Das geschieht unterschiedlich schnell, je nach Qualität und Alter und je nachdem, ob es sich um Weiß- oder Rotwein handelt. Selbst teure Weine können halb ausgetrunken nach zwei Tagen schal und flach schmecken. Die meisten Weine halten geöffnet höchstens drei Tage, im Kühlschrank etwas länger.

DAS RICHTIGE GLAS

»Wie wichtig ist das richtige Glas?«

Die alten Römer zechten aus tönernen Weinhumpen. Unsere Großväter tranken aus einfachen, groben Gläsern. Nur selten kamen die schweren Kristallgläser auf die festlich gedeckte Tafel. Keiner dachte darüber nach, ob Materialien oder Formen der Trinkgefäße Einfluss auf den Geschmack des Weins haben könnten. Heute weiß man, für den Alltag bestimmte Weingläser sollten immer dünnwandig, farblos, durchsichtig sein, versehen mit einem höheren Stil und eine tulpenförmige, sich nach oben verjüngende Form aufweisen. In diesem oberen Glasbereich sammeln sich die aufsteigenden Aromen. Die Entwicklung des Buketts wird also begünstigt. In der Tulpenform kommen kräftige Rotweine besser zur Geltung, elegante eher im bauchigen Glas. Champagner perlt fröhlicher in einer Flöte.

»Welche Gläser gehören zur Grundausstattung?«

Eine Sektflöte, auf keinen Fall eine Sektschale, denn daraus getrunken, macht selbst der beste Champagner keinen Spaß; sowie zwei tulpenförmige Gläser – ein kleineres für Weißwein und ein etwas höheres, größeres für Rotwein.

»Und welche Gläser kann ich noch hinzukaufen?«

Spezielle Glasformen gibt es unter anderem für Bordeaux, Burgunder, Chianti Classico, Beaujolais Nouveau, Rosé, Riesling, Chardonnay, für Süßwein, Sherry, Port und Madeira. Wer das häusliche Sortiment aufstocken möchte und noch Platz im Glasschrank hat, sollte wissen, dass sie den Genuss erhöhen können, aber auch ihren Preis haben.

»Sind mundgeblasene Gläser für den Weingenuss besser als industriell hergestellte?«

Mundgeblasene Gläser werden individuell produziert und unterscheiden sich immer ein wenig voneinander. Man nimmt die Qualität eines Weins besser wahr, meinen Puristen, weil sie feiner und dünnwandiger als maschinell hergestellte Industriegläser sind. Doch der Luxus hat seinen Preis. Auf der anderen Seite weisen die besten Industriegläser inzwischen auch eine sehr gute Qualität auf.

»Warum braucht Rotwein ein Glas mit mehr Volumen?«

Rotweine brauchen mehr Raum, um ihr Aroma besser entfalten zu können. Das gilt besonders für Burgunder, obwohl sie in der Farbe heller sind und ihr Aroma eleganter ist als Bordeaux. In einem engen, schmalen Glas bekommt der Wein zu wenig Luft, sein Geschmack kann sich nicht wirklich entwi-

ckeln. Bei Weißweinen bilden sehr gute körperreiche Chardonnays die Ausnahme, denn ihr Aroma entfaltet sich ebenfalls gut in voluminöseren Gläsern.

»Welche Form hat ein gutes Schaumweinglas?«

Für Champagner und guten Sekt ist die Sektschale völlig ungeeignet. Perlen und Fruchtaromen würden sich darin im Nu verflüchtigen. In einer schlanken, hohen Sektflöte steigen dagegen die Perlen, wie an einer Schnur aneinandergereiht, langsam auf.

»Sind Omas Kristallgläser für den Weingenuss geeignet?«

Auf einer schön gedeckten Tafel machen Gläser mit Schliff vielleicht einen guten Eindruck und sind häufig liebgewonnene Erbstücke. Für den Genuss guter Weine sind sie dagegen wenig brauchbar. Sie sind zu dickwandig. Farbe, Klarheit und Konsistenz lassen sich nicht gut beurteilen.

»Kann ich Gläser in der Geschirrspülmaschine reinigen?«

Wie Industriegläser sind auch mundgeblasene Bleikristallgläser für die Spülmaschine geeignet. Man sollte dafür jedoch weniger Spülmittel verwenden, die niedrigste Temperatur und kürzeste Spüldauer wählen, außerdem die Gläser nie zusammen mit stark verschmutztem Geschirr abwaschen, weil die Essensreste ins Glasinnere gespült werden und dort kleben bleiben. Um zu verhindern, dass die Gläser milchig eintrüben, ist es ratsam, gleich nach dem Spülen die Maschine einen Spalt zu öffnen, damit der heißeste Dampf entweichen kann und die Gläser länger prächtig funkeln.

»Sind Gläser geruchsneutral?«

Halten Sie, bevor Sie Ihren Wein servieren, unbedingt die Nase ins leere Glas. Gläser, die im Karton aufbewahrt werden, riechen fast immer übel nach Pappe. Spülen mit heißem, klarem Wasser bringt hier Abhilfe. Zum Abtrocknen sollte man nur Geschirrhandtücher verwenden, die nicht mit stark duftenden Weichspülmitteln gewaschen wurden. Üble Gerüche verursachen Handtücher, die schon länger im Gebrauch sind.

»Was etwa kostet ein brauchbares Weinglas?«

Die Preise beginnen bei drei bis vier Euro. Gläser unterhalb dieser Preisgrenze sind wegen ihrer pummlig-runden Form, des kurzen Stils, der dicken Wandung und des fehlenden Volumens zur Entfaltung der Aromen denkbar ungeeignet. Mit Gläsern ab fünf Euro ist man besser bedient und kann zwischen Sekt-, Weiß- und Rotweinglas wählen.

WEIN UND ESSEN

»Harmonie zwischen Wein und Speisen – gibt es das?«

Ohne hier starre Regeln aufstellen zu wollen: Es gibt Erfahrungen, wie sich Geschmack und Aroma von Wein und Speisen in vorzüglicher Weise ergänzen. Süßer Wein passt zu süßen Speisen, Säure im Wein zur Säure im Salat – beide Geschmacksrichtungen verstärken sich nicht etwa durch die Kombination, sondern werden dadurch angenehm gemildert. Fette Speisen sind mit säurebetonten Weißweinen oder kräftigen Rotweinen mit mehr Gerbstoff besser zu genießen, scharfe Gerichte mit etwas süßeren Weinen. Für eine optimale Harmonie sollte man den Wein stets auf den geschmacksintensivsten Bestandteil einer Speise abstimmen. Nicht nur Sommeliers, die Weinkellner in der Gastronomie, wissen Wein zu kombinieren. Stellen Sie doch mal Ihren Weinhändler auf die Probe: vermutlich weiß auch er Rat.

»Was ist ein Aperitif?«

Ein flüssiger Appetitanreger, oft modeabhängig. Heute trinkt man gern Prosecco, früher war es Kir Royal, eine Mischung aus Sekt und Crème de Cassis. Was immer passt, ist Champagner, Rieslingsekt oder ein leichter Weißwein.

»Welche Knabbereien reiche ich zum Aperitif?«

Etwas Salziges, wie Grissini, Nüsse oder Blätterteigstangen, ist eine gute Grundlage und passt zum Wein.

»Kann man alle Weine durcheinander trinken?«

Ja, Hauptsache es schmeckt. Doch wahrscheinlich bereitet es größeres Vergnügen, wenn folgende Reihenfolge eingehalten wird: Trockene Weine schmecken besser vor Süßweinen, weiße meist vor roten und junge vor reiferen.

»Warum sollte man Weißwein vor Rotwein trinken?«

Weil Weißwein meist über mehr Säure, Frische und zarte Frucht verfügt, Rotwein dagegen über Kraft und Tannin. In umgekehrter Reihenfolge genossen, würde die Eleganz eines leichten Weißweins geschmacklich untergehen. Ein voluminöser Chardonnay aus dem Burgund mit viel Frucht kommt dagegen in Kraft und Fülle schon gegen einige Rotweine an.

»Wie viele Flaschen pro Person sollte man für den Aperitif und wie viele als Begleiter zum Essen einplanen?«

Ein Aperitif soll vorbereiten, also nicht schon Wirkung hinterlassen. Eine Flasche à 0,7 Liter Inhalt reicht für etwa sieben Personen. Für ein mehrgängiges Essen rechnet man pro Person insgesamt mit einer halben Flasche Wein. Hinzu kommt noch der Digestif, das Gläschen für den Abschluss.

»Was mache ich mit den Weinresten?«

Reste von guten Rotweinen lassen sich noch zu einer wunderbaren Sauce verarbeiten, je nach Rezept herzhaft oder süß.

»Welcher Wein schmeckt zu einem Fischgericht?«

Grundsätzlich ist Weißwein zum Fisch geeigneter als Rotwein. Das ist aber kein ehernes Gesetz. Gelegentlich wird Fisch sogar mit einer Rotweinsauce gereicht. Dann sollte man in jedem Fall auch einen Rotwein dazu trinken. Da empfiehlt sich ein Wein mit viel saftiger Frucht, aber wenig Tannin, weil Gerbstoffe zusammen mit Fisch metallisch schmecken können. Kräftige Weißweine mit Schmelz und aromatischer Frucht harmonieren gut mit sahnigen Saucen, zarte, elegante Weißweine mit feiner Säure zu fast allen weißen Fischen.

»Welche Weine schmecken zur Pasta?«

Junge, fruchtige Rotweine aus Sangiovese, Grignolino oder fruchtigen Barbera-Trauben, außerdem Chianti oder ein Montepulciano d'Abruzzo, besonders wenn die Sauce ›arrabbiata‹, also scharf ist.

»Was trinkt man am besten zu Fleisch und Wild?«

Zu Geflügel je nach Sorte würzige Weiß- oder Rotweine, zu Wild vor allem roten Burgunder, Côtes du Rhône und Syrah. Klassisch passt zu Rindfleisch Bordeaux oder Cabernet Sauvignon aus Übersee, auch feuriger Rioja oder kräftiger Barolo. Je dunkler das Fleisch ist, umso dunkler, beeriger und tanninreicher kann auch der Wein sein. Zu Schmorgerichten schmecken die würzigen Rotweine aus dem Languedoc-Roussillon, Cahors, Madiran, ein Shiraz aus Australien oder ein vollmundiger Roter aus Süditalien.

»Welchen Wein trinkt man zu Sushi, Sashimi und anderen asiatischen Gerichten?«

Zur fernöstlichen Küche empfehlen sich viele Rieslinge oder Scheurebe, je nach Schärfe auch mit leichter Restsüße, ein exotisch-aromatischer Sauvignon Blanc, Cabernet Saumur von der Loire oder ein sanfter Rosé aus dem Languedoc.

»Welche Weine harmonieren mit Desserts?«

Zu fruchtig-süßen Desserts schmecken halbtrockene Sekte oder Champagner sowie edelsüße Weine. Bei schokoladenhaltigen Nachspeisen passen Madeira, Portwein, Banyuls ganz hervorragend.

»Schmeckt derselbe Wein als Begleiter zum Essen anders als solo getrunken?«

Genau das fasziniert den Genießer. Probieren Sie es selbst aus, und trinken Sie denselben Wein zur Suppe, zu Wurstbrot, zu einem Fleischgericht, einem würzigen Käse und zum Dessert.

»Wie harmonieren Wein und Käse?«

Eine wunderbare Kombination. Angesichts der unendlichen Vielfalt – in Frankreich gibt es über 400 Käsesorten – ist die Kombination von Wein und Käse immer wieder spannend. Grundsätzlich gilt: Ob trocken oder süß, Weißwein passt zum Käse ebenso gut wie Rotwein, oft sogar wegen seines Aromas und seiner fruchtigen Säure noch viel besser. Probieren Sie einen fruchtigen Riesling zum Ziegenfrischkäse, zusammen mit ein paar Walnüssen.

»Passt zum Essen Wein immer besser als Bier?«

Zu einem rustikalen, deftigen Essen, etwa Haxe mit Sauerkraut, Sauerbraten oder eine Wurstplatte, löscht Bier den Durst sicher besser als jeder Wein. Es gibt allerdings durchaus Weine, die es mit solchen Herausforderungen gut aufnehmen können.

»Welche Weinalternativen gibt es zum modischen Pinot Grigio als Begleiter zum Essen?«

Ebenso leicht und fruchtig, dafür im Geschmack frischer, lebendiger und fröhlicher sind deutsche Weiß- und Grauburgunder oder Silvaner, Grüner Veltliner aus Österreich, Tocai aus dem Friaul, Verdicchio aus den Marken (beide aus Italien), Chenin Blanc von der Loire oder aus Südafrika, ein Rueda aus Spanien oder ein frisch-fruchtiger, beschwingter Sauvignon Blanc aus Südafrika, Chile oder Neuseeland.

WEIN UND GESUNDHEIT

»Sind Bioweine gesünder als andere?«

Biologischer Anbau schützt die Flora und Fauna im Weinberg. Ökowinzer kommen fast ohne Chemie aus und erleichtern so der Natur, ihr Gleichgewicht zu erhalten. Durchschnittlich enthalten Bioweine weniger Schwefel und somit Histamin, das allergische Hautausschläge oder Kopfschmerz auslösen kann.

»Warum ist Wein so gesund?«

Weißwein regt die Nierenfunktion an, roter Burgunder den Appetit. Wein kann aber auch noch viel mehr: Er fördert die Durchblutung des Gehirns, aktiviert Schilddrüse, Nebennierenrinden und Keimzellen, außerdem steigert er die Widerstandskraft gegenüber Herz-und Kreislauferkrankungen, Infektionskrankheiten und Anämien. Die Atmung, der Appetit, die Verdauung – alles funktioniert besser bei regelmäßigem, aber mäßigem Weingenuss.

»Sollte man Wein zum Essen trinken oder lieber nicht?«

Wein zum Essen wird sogar in den USA, und das trotz der Anti-Alkohol-Kampagne der letzten Jahre, sehr empfohlen wie auch von zahlreichen Wissenschaftlern in Europa.

»Warum reagieren manche Menschen auf Rotweine allergisch?«

Oft ist der Grund eine Histaminallergie. Die kann sich unter anderem in Form von Kopfschmerzen, Hautausschlägen und asthmatischen Zuständen äußern. Der Histamingehalt im

Wein ist umso höher, je länger die Gärung auf der Maische erfolgte. Betroffene sollten, wenn sie nicht ganz auf Rotwein verzichten möchten, weniger Weine aus Cabernet-Sauvignon- und Syrah-Trauben trinken, sondern eher zum Pinot Noir bzw. Spätburgunder greifen.

»Kann man Wein auch während einer Diät trinken?«

Weißwein wirkt stark diuretisch, das heißt entwässernd. Während einer Diät abends ein Glas trockenen Weißwein zu trinken holt die Pfunde noch besser von den Hüften – und hilft so richtig schön zu entspannen.

»Wie viel Wein täglich kann man unbesorgt trinken?«

Frauen dürfen nahezu ohne Bedenken etwa 0,2 Liter pro Tag trinken, Männer etwa 0,4 Liter, je nach Körpergewicht und

Kondition (s. a. S. 14). In südlichen Ländern trinken viele Menschen täglich Wein, allerdings nur zum Mittag- oder Abendessen.

»Stimmt es, dass regelmäßiger, aber maßvoller Weingenuss zum rechten Zeitpunkt das Leben verlängert?«

Schon im Alten Testament, im Buch Jesus Sirach, steht geschrieben: »Wie ein Lebenswasser ist der Wein für den Menschen, wenn er ihn mäßig trinkt.« Kundige neuzeitliche Ärzte, die im Wein nicht nur den Alkohol und drohenden Alkoholismus sehen, sondern den hohen therapeutischen Nutzen, empfehlen wie bereits der heilige Benedikt, der Gründer des Benediktinerordens, täglichen Weingenuss als lebensverlängernde Therapie. Abstinenz kann zuweilen sogar Krankheiten fördern.

DIE ZEHN WEINSTILE
EINE KLEINE WEINKUNDE

VON BEAT KOELLIKER

Wein macht neugierig, er verführt uns, Fragen zu stellen und auf die Suche zu gehen, und er belohnt uns zugleich mit Überraschungen und unerwarteten Entdeckungen. Wer eine Flasche Wein öffnet, begibt sich auf eine abenteuerliche Reise. Die Welt des Weins steht ihm offen. Es macht Spaß, unbeschwert in diesem Universum spazieren zu gehen. Doch manchmal möchte man vielleicht etwas gezielter reisen oder auch nur innehalten, um sich zu orientieren und seine Eindrücke zu ordnen. Dazu braucht man einen verlässlichen Kompass, einen Weinkompass, und einen solchen finden Sie auf den nächsten Seiten.
Die Windrose auf diesem Kompass zeigt die zehn Weinstile. Sie dient der Orientierung auf den weiten Meeren des Weins.

Sie kann aber auch Anregung sein für ein kleines Weinseminar zu Hause. Das Vorgehen ist ganz einfach. Kaufen Sie sich zu jedem Weinstil eine Flasche Wein, am besten natürlich den hier vorgestellten Prototyp, laden Sie ein paar Freunde ein, und schon kann die Reise beginnen. Dabei liegt alles in Ihrer Hand. Sie können von Weinstil zu Weinstil fortschreiten oder auch bei einem einzelnen etwas länger verweilen. Hauptsache es macht Ihnen und Ihren Freunden Spaß. Und wenn Sie einen bestimmten Stil intensiver kennen lernen möchten, kein Problem, unter dem Titel ›Was dieser Stil noch zu bieten hat‹ finden Sie vielfältige Anregungen. Selbstverständlich ist kein Wein nur zum Verkosten geschaffen worden, jeder hat seinen eigenen Platz im Leben, als Aperitif, zum Träumen und Abschalten, vor allem aber als Begleiter bei Tisch. Erst so werden Sie ihn richtig verstehen.

Damit gute Reise und zum Wohl.

Weißweine
- Blumige Frische
  Leichte, einfache Weißweine
- Klassische Mitte
  Mittelschwere, charaktervolle Weißweine
- Üppige Fülle
  Schwere, körperreiche Weißweine
- Duftender Garten
  Aromatische und liebliche Weißweine

Rotweine
- Jugendliche Frucht
  Leichte, erfrischende Rot- und Rosé-Weine
- Klassische Mitte
  Mittelschwere, charaktervolle Rotweine
- Volle Wucht
  Schwere, konzentrierte Rotweine
- Herbstliche Reife
  Reife, edle Rotweine

Schaumweine
- Perlender Charme

Dessertweine
- Süße Versuchung

BLUMIGE FRISCHE
LEICHTE, EINFACHE WEISSWEINE

Der Stil

Die Weine dieser Gruppe sind liebenswürdig und anmutig wie die Blumen auf einer Sommerwiese. Sie stehen dem Herzen der Natur noch nahe, sind weder überzüchtet noch verfälscht. Sie wollen nicht mehr scheinen als das, was sie wirklich sind. Deshalb kann es geschehen, dass man ihre Schönheit leicht übersieht.

Die meisten stammen aus den kühleren Regionen Europas. Hier bleiben sie schlank und frisch und entwickeln ihre delikaten Düfte nach Blumen und Früchten. Weiter im Süden Europas oder in der Neuen Welt geraten die Weine üppiger und körperreicher, dort findet man diesen Stil seltener.

Meist erfrischen sie uns mit einer lebendigen, rassigen Säure. Sie sind süffig und unkompliziert. Dennoch ist ihre Vielfalt unübersehbar (wie die der Blumen auf dem Feld). Es sind lokale Weine, die in jeder Region wieder ein wenig anders schmecken, am besten aber immer dort, wo sie wachsen. Das Spektrum reicht von den fruchtig duftenden Weinen der mittleren Loire über die leichten, apfelfrischen Rieslinge der Mosel bis zum würzigen Pinot Grigio aus dem Trentino oder Friaul. Immer aber bezaubern sie uns am meisten in ihrer Jugend, denn nach zwei bis drei Jahren verblüht ihre Frische zunehmend.

Die Qualität der Weine dieser Stilgruppe hat in den letzten zwei bis drei Jahrzehnten einen gewaltigen Fortschritt gemacht. Dank der Temperatursteuerung bei der Gärung und modernster Techniken der Weinbereitung im Edelstahltank zeigen diese Weine erst richtig, wie sauber und frisch sie wirklich sein können.

Der Prototyp

An der mittleren, von Schlössern gesäumten Loire, die mit 1000 Kilometern Frankreichs längster und vielleicht schönster Fluss ist, drängen sich einige berühmte Appellationen mit einer fast unübersehbaren Vielfalt an Weinen in allen Farben und Stilen: Rot, Rosé, Weiß, Schaum- und Süßwein. Mitten im Herzen dieser Region liegt die kleine Stadt Saumur und etwas südlich davon Saint-Cyr-en-Bourg, wo die Vignerons de Saumur ihren Wein keltern. Diese Weinbaugemeinde liegt auf weichem Tuffgestein, aus dem seit Jahrhunderten Baumaterial für Häuser und Schlösser herausgeschnitten wurde. So entstanden unterirdische Gänge von

180 Kilometern Länge mit idealen Lagerbedingungen für Wein. Hier an der Loire wächst eine Weißweinrebe, die sonst in Europa kaum angepflanzt wird, aber in Südafrika eine zweite Heimat gefunden hat: Chenin Blanc.

**SAUMUR
La Cabriole
Les Vignerons
de Saumur in
Saint-Cyr-en-Bourg**

Man verarbeitet ihn zu trockenen Weißweinen (unser Beispiel), zu großartigen edelsüßen Dessertweinen und auch zu Schaumwein. Einfacher Chenin Blanc ist wunderbar frisch, fruchtig und ganz jung am besten. Körperreichere Weine und vor allem die Dessertweine können gut altern und entwickeln dann Noten von Quitten und Honig.

Farbe: Helles Strohblond.
Duft: Frisch und delikat nach Früchten (Birnen, Pfirsich), Blüten (Linden), Mandeln und Honig.
Geschmack: Trocken; erfrischende, lebhafte Säure, die an reife Grapefruits erinnert.
Charakter: Eleganter, frischer, leicht zugänglicher Wein, der aber trotzdem eine eigene Persönlichkeit ausstrahlt.

Was dieser Stil noch zu bieten hat

Leichte, einfache Weißweine wachsen fast überall in den kühleren Regionen Europas. In Südeuropa sind sie seltener, und in der Neuen Welt fehlen sie fast ganz. Wir greifen im Folgenden einige typische Beispiele heraus.

Frankreich
Vor allem die Weine von der Loire gehören in ihren einfacheren Qualitäten dazu: der Saumur, aber auch der zarte Muscadet aus dem Mündungsgebiet des Flusses, dem Pays Nantais, in dessen feinem, mineralischem Duft man schon den nahen Atlantik spürt.

Italien
Norditalien: Die Weißweine aus dem Friaul (Pinot Grigio, Chardonnay), aus Südtirol (Pinot Grigio) und aus dem Anbaugebiet Gavi im Piemont können frisch und angenehm leicht ausfallen.

Mittelitalien: Unmittelbar südlich von Rom wächst in den vulkanischen Bergen der Castelli Romani der berühmte Frascati. Früher der Schankwein der Trattorien Roms, hat auch er heute deutlich an Charakter gewonnen und erfrischt uns mit schönen Nuss- und Kräuteraromen.

Deutschland
In Deutschland sind es vor allem viele trockene Kabinettweine, die zu dieser Stilrichtung gehören: Leichte, einfache Rieslinge vom Rhein und Mosel, aber auch einfache Weiß- und Grauburgunder, Müller-Thurgau und Silvaner aus allen Anbaugebieten.

Österreich
Wenn die Donau aus dem engen Tal der Wachau kommend das Kremstal erreicht, öffnet sich die Landschaft, und die Ufer weiten sich zu einer breiten Ebene. Hier wächst die österreichische Rebsorte schlechthin, der Grüne Veltliner. Als Kabinettwein ist er fruchtig und zugänglich und erfreut uns mit seinem typischen ›Pfefferl‹.

So trinken sich diese Weine am besten

Diese Weine drängen sich nicht vor. Man kann ihnen zwischendurch auch die Aufmerksamkeit entziehen, ohne dass sie es einem allzu übel nehmen. Sie eignen sich daher ausgezeichnet als Begleiter beim Gespräch zu Hause oder in der Gaststätte, wo wir sie gern im offenen Ausschank genießen. Gut gekühlt schmecken sie herrlich erfrischend und durstlöschend im Sommer auf der Terrasse oder im Garten unter einem Schatten spendendem Baum. Alle ihre Vorzüge können sie meisterlich bei einem sommerlichen Picknick am Waldrand ausspielen.

Bei einem Essen ist ihr bester Platz eher vor oder zu Beginn der Mahlzeit. Für einen gewichtigeren Hauptgang sind sie wohl etwas zu leicht. Als Aperitif eignen sie sich mit ihrer frischen Säure, ihrer Duftigkeit und anmutigen Art aber wunderbar. Dazu serviert man am besten etwas zum Knabbern, wie Blätterteigstangen, Grissini etc. Auch bei den ersten leichten Gängen können sie noch gut mithalten, z. B. bei

köstlich kühlen Fischterrinen, mild gesäuerten Blattsalaten oder nicht allzu gehaltvollen klaren und gebundenen Suppen. Beim Hauptgang begleiten sie vorzugsweise leichte Gerichte mit Fischen und Meeresfrüchten, einzige Ausnahme sind allerdings Gerichte mit kräftig gewürzten Saucen (z. B. aus Tomaten). Auch zu hellem, zart gebratenem oder auch pochiertem Fleisch von Geflügel oder Kalb passen sie gut. Und zum Abschluss des Mahls kann man sie zu einer Käseplatte mit nicht zu reifem, mildem Hartkäse oder zu Frischkäse (aus Kuh-, Schafs- oder ganz besonders gut auch aus Ziegenmilch) servieren.

Und der Saumur?

Dieser Wein passt besonders gut zu dem eher zarten Geschmack von gebratenem Schollenfilet, pochierter Lachsforelle oder Hühnerfrikasse, allerdings auch zu deftiger Hausmannskost wie z. B. einem Eisbein mit warmem Linsensalat (der Saumur verträgt das tatsächlich!).

KLASSISCHE MITTE
MITTELSCHWERE, CHARAKTERVOLLE WEISSWEINE

Der Stil

Diese Weine besitzen Stil, Charakter und Persönlichkeit. Sie mischen sich ins Gespräch ein, wollen, dass man sie wahrnimmt und über sie (oder mit ihnen) spricht. Sie wollen nicht dominieren, sondern mitmachen. Sie sind die klassischen Essensbegleiter, diese Rolle ist ihnen auf den Leib geschrieben, denn sie sind stark genug, um viele Gerichte als Ergänzung und als Partner zu bereichern. Wein war immer in erster Linie Nahrungsmittel und Getränk, das zum Essen gehörte.

Alle klassischen Weine, ob rot oder weiß, dienten diesem Zweck. Sie sollten mit den Speisen der Region harmonieren, den Appetit anregen und die Verdauung fördern. Dazu müssen sie ausreichend Kraft besitzen. Meistens sind sie deshalb zu schwer, um als Durstlöscher oder als Aperitif-Wein genossen zu werden. Auf der anderen Seite dürfen sie aber weder die Speisen noch den Speisenden erschlagen. Zu viel Wucht, zu viel Alkohol oder Körper wäre deshalb nicht erwünscht. Als Partner suchen sie die Harmonie, und Harmonie ist auch eine ihrer hervorstechendsten Eigenschaften. Frucht, Säure, Körper, Alkoholgehalt stehen bei ihnen in einem ausgewogenen Verhältnis. Aber alle Elemente sind doch mit einer gewissen Kraft und Prägnanz vorhanden.

Trotz dieses charakteristischen Hangs zur Mitte besitzen alle diese Weine eine ausgeprägte Persönlichkeit. Sie stammen meist aus traditionsreichen Anbaugebieten, wo sich über die Jahrhunderte hinweg ein Stil entwickelt hat, der individuell und einzigartig ist. Viele der typischen Weine dieser Gruppe findet man deshalb in den klassischen europäischen Weinländern Frankreich, Italien, Deutschland, Spanien.

Der Prototyp

Das langgezogene und vielgestaltige Anbaugebiet der Loire beginnt am Oberlauf des Flusses gleich mit einem großen Gongschlag: mit den beiden berühmtesten Loire-Weinen überhaupt, dem Sancerre und dem Pouilly-Fumé. Die beiden Orte liegen sich an den Ufern des Flusses direkt gegenüber. Die alte Redensart »Das Wasser trennt uns, der Wein bringt uns aber zusammen« trifft ihr freundschaftliches Verhältnis schon sehr genau. Ihre Weine gleichen sich oft wie Zwillingsbrüder, und es ist auch für Experten meist unmöglich, sicher zu entscheiden, von welchem Ufer ein Wein stammt. Hier ist die Heimat des Sauvignon Blanc, und hier

bringt er seine herrlichsten Weine hervor mit reicher Frucht, frischen Noten von Stachelbeeren und Kräutern und einer strahlenden, manchmal nahezu schneidend scharfen Säure. Berühmt ist

POUILLY-FUMÉ
Les Genièvres
Jean-Louis Saget in
Pouilly-sur-Loire

die Mineralität der Weine. Der Boden ist reich an Feuerstein, und nicht nur Experten entdecken einen leicht rauchigen Feuersteinton im Duft und Geschmack des Weins.

Farbe: Helles Gelb mit grünlichen Reflexen.
Duft: Reicher und vielfältiger Duft von weißen Blüten (Holunder, Akazien), Stachelbeeren, Zitrusfrüchten (Grapefruit), Äpfeln und frisch gemähtem Gras. Im Hintergrund ahnt man auch einige exotische Früchte (Mango, Melonen, Ananas); leichte Mineralität.
Geschmack: Trocken; angenehm pikante Säure, die auf der Zunge fast ein wenig prickelt, der Wein schmeckt frisch und kräuterwürzig mit einem Hauch von Minze.
Charakter: Ausgesprochen eleganter und vielschichtiger Wein mit einem straffen, schlanken Körper.

Was dieser Stil noch zu bieten hat

Dieser Weinstil ist der am weitesten verbreitete überhaupt. Seine Weine wachsen nicht an grundsätzlich anderen Orten als die des leichten und einfachen Stils, meist sind es die gehaltvolleren Brüder aus der gleichen Familie. Aber auch dieser Stil ist eher in Europa zu Hause als in der Neuen Welt.

Frankreich

Hier gehört neben dem Pouilly-Fumé auch der Sancerre dazu; außerdem viele gehaltvolle Weine aus dem Elsass (Pinot Blanc und Riesling), dem Burgund (Chablis, Saint-Aubin) und dem Bordeaux (Pessac-Léognan, Entre-Deux-Mers) sowie preisgünstige Weine aus dem Südwesten Frankreichs und aus dem Languedoc.

Italien

Besonders in Norditalien findet man diesen Weinstil überall: Im Friaul gerät der Sauvignon Blanc noch etwas körperrei-cher als an der Loire, und in der kleinen hügeligen Reblandschaft Oltrepò Pavese wachsen aromareiche und gehaltvolle Weine aus der Rebsorte Pinot Grigio.

Deutschland

Viele Rieslinge aus dem Rheingau, von der Mosel und aus der Pfalz gehören zu diesem Stil, Weiß- und Grauburgunder aus Baden und der Silvaner aus Franken.

Spanien

Aus dem spanischen Weißweingebiet Rueda kommen hervorragend gekelterte fruchtig-würzige Weine, welche die einheimische Rebe Verdejo mit Sauvignon Blanc kombinieren und den klassischen Stil auf moderne Art interpretieren.

Chile

Wieder ganz anders gerät der Sauvignon Blanc in Chiles kühlem Süden, und wenn er dort die Chance erhält, in einem langen Sommer vollständig auszureifen, kann er jedem Europäer die Stirn bieten.

So trinken sich diese Weine am besten

Diese Weine kennen keine Grenzen. Überall in den Weinbaugebieten Europas sind sie entstanden, um die einheimische Küche zu begleiten. Jeder passt deshalb am besten zu den Gerichten seiner eigenen Region. Damit verbindet ihn die ganze Kultur seiner Herkunft. Das wäre unsere erste Empfehlung: Wenn Sie Gerichte und Weine aus der gleichen Gegend kombinieren, dann gehen Sie auf Nummer sicher. Ab und zu muss man aber auch den Spagat über die Kulturgrenzen hinweg wagen.

Nur die leichteren und etwas säurereicheren Mitglieder dieser Familie eignen sich als Aperitif. Bei den Vorspeisen sind sie aber auf jeden Fall in ihrem Element: Elsässer Riesling oder Pinot Blanc passen hervorragend zu Schnecken oder einer Quiche. Die Italiener begleiten natürlich am liebsten eine Pasta oder ein Risotto. Die deutschen Weine bevorzugen dagegen eher einen einheimischen Süßwasserfisch oder eine Terrine aus Gemüse oder Fischen. Beim Hauptgang sind

Fische aller Art die erste Wahl. Aber auch Geflügel, Kaninchen, Tafelspitz, zart gebratenes Kalbfleisch, Ossobuco und vieles mehr passen hervorragend.

Besonderheiten: Riesling und Grauburgunder (Pinot Gris) aus Deutschland oder aus dem Elsass und Silvaner aus Franken gehen hervorragend zusammen mit einer deftigen Schlachtplatte mit Sauerkraut. Silvaner und Sauvignon Blanc sind zuverlässige Partner zu Spargel und Gemüsegerichten. Entgegen einem weitverbreiteten Irrglauben sind es nicht unbedingt die Rotweine, die am besten zu Käse passen, sondern die Weißweine dieser Gruppe, insbesondere in der Kombination mit Weich- und Ziegenkäsen.

Und der Pouilly-Fumé?

Er passt am besten zu Austern als Vorspeise, dann zu einer Seezunge, zu aller Art hellem Fleisch (z. B. einem Kalbsragout) und als Abschluss natürlich zu einem würzigen Ziegenkäse (z. B. einem Crottin de Chavignol).

Üppige Fülle
Schwere, körperreiche Weissweine

Der Stil

Als in den 1960er und 1970er Jahren die Weinmacher Kaliforniens und Australiens einen Neuanfang wagten, hatten sie es nicht auf Harmonie und Gleichgewicht abgesehen, sondern auf Konzentration. Und Konzentration hieß vor allem Frucht. Sie kelterten daher Weine, deren Duft und Geschmack mit den üppigen Aromen tropischer Früchte überwältigten, die verführerisch weich waren und fast süß wirkten. Für diesen Stil war der Chardonnay wie geschaffen. Man pflanzte ihn

überall. Lagerte man diese Weine dann noch für einige Monate in kleinen Eichenholzfässern, kamen zu den Fruchtaromen noch die Vanille-, Butter- und Toast-Noten der neuen Eiche dazu, und das Glück war vollkommen.

Seither hat die Neue Welt viel von der Alten Welt gelernt und umgekehrt. Die weißen Weine der Neuen Welt sind schlanker, frischer und eleganter geworden. Zwar bleiben sie üppig und reich, aber die Aromen werden subtiler, das Spiel der Säure gibt ihnen mehr Struktur, und neben die Konzentration tritt die Komplexität. Auch die Eichenfässer werden heute eher mit Fingerspitzengefühl eingesetzt. Ihre Holznoten sollen die Fruchtaromen vertiefen und ergänzen, doch keinesfalls übertönen. Heute kommen aus der Neuen Welt große und bewunderungswürdige Weißweine in dieser Stilrichtung. Und Europa? Der allgemeine Trend geht zwar eher hin zu leichten, fruchtig frischen Weißweinen, trotzdem hat die Aufbruchstimmung in der Neuen Welt natürlich auch die europäischen Winzer angesteckt. An vielen Orten im warmen Süden werden heute Weißweine in einem etwas reicheren Stil bereitet, und es wird mit kleinen Eichenfässern experimentiert.

Der Prototyp

Das Weingut Penfolds ist eines der ältesten, traditionsreichsten und berühmtesten Australiens. Sein Gründer, der Arzt Dr. Christopher Rawson Penfold, pflanzte schon im Jahr 1844 seine ersten Reben, und etwas mehr als 100 Jahre später hat der legendäre Kellermeister dieses Weinguts, Max Schubert, den grandiosen Penfolds Grange geschaffen. Heute liegt die Verantwortung im Keller bei Peter Gago. Mehr als vielleicht anderswo ruht auf einem Kellermeister in Australien – wie bei Penfolds – eine ganz besondere Verantwortung. Die Australier keltern nämlich ihre Weine kaum je aus einer einzigen Lage, sondern komponieren sie aus einer Vielzahl von Weinen verschiedener Herkunft und Stilrichtung. Wie auf einer großen Klaviatur spielt der Kellermeister auf diesen Kompositionsmöglichkeiten. Die Weine können im Edelstahltank oder im Barrique ausgebaut sein, säurereich oder mild, schwer oder leicht etc. Die Kunst des Kellermeisters besteht

nun darin, über den Verschnitt, das heißt das Zusammenführen und Abstimmen dieser verschiedenen Weine, einen konstanten und harmonischen Weintypus zu kreieren. Der Penfolds Private Bin ist ein Musterbeispiel dafür.

Farbe: Leuchtendes Gold mit grünlichen Reflexen.
Duft: Intensiver und voller Duft nach exotischen Früchten, weißen Pfirsichen, süßen Zitronen, Kräutern und den Aromen aus dem Holzfass.
Geschmack: Viele komplexe Aromen wie Früchte und Kräuter; feine brillante Säure, reicher Körper und feste Struktur; langer Nachhall.
Charakter: Der Weincharakter verbreitet einen strahlenden Glanz; reich und voll – dennoch elegant und frisch.

**PENFOLDS
PRIVATE BIN
Chardonnay
Adelaide (South
Eastern Australia)**

Was dieser Stil noch zu bieten hat

Neue Welt

Dieser Stil stammt aus der Neuen Welt, und dort findet man natürlich auch die meisten dieser Weine. Es sind die sonnen-verwöhnten Länder wie Kalifornien und Australien, die in dieser Kategorie an der Spitze stehen. Dann folgen Chile, Neuseeland und Südafrika. In allen diesen Ländern ist Chardonnay die wichtigste Rebsorte. Meist wird auch er im Barrique ausgebaut. Der weltweite Erfolg dieser Weine war seinerzeit äußerst spektakulär. Langsam entdecken die Konsumenten und die Produzenten aber, dass man auch aus anderen Rebsorten reiche, fruchtbetonte Weine keltern kann, insbesondere aus Sauvignon Blanc. Aus Neuseeland und Chile stammen Weine aus dieser aromareichen Sorte, die ganz anders sind als die schlanken Europäer von der Loire. Und in der Tat haben die Europäer, ähnlich wie beim Char-donnay, über den Umweg in die Neue Welt ihre eigenen Rebsorten wieder neu kennen gelernt.

Frankreich

Wer in Europa nach diesem Weinstil sucht, wird wie so häu-fig zuerst in Frankreich fündig. Teure Burgunder können einen cremig weichen und sinnlich-vollen Stil erreichen, der unübertroffen ist auf der ganzen Welt – wie schon gesagt, sie sind oft sehr teuer.

Im Languedoc reifen ebenfalls überaus üppige, fruchtbetonte Weine aus der Chardonnay-Traube. Aber sie fallen in dieser Region etwas schlanker und weniger holzgeprägt aus. Dane-ben hat nahezu überall in Südfrankreich die von der oberen Rhône stammende Rebsorte Viognier einen wahren Sieges-zug erlebt. Aus Viognier keltert man einen trockenen Wein mit luxuriösen, üppigen Aromen, die einen überwältigenden Duft von reifen Aprikosen und Pfirsichen, vermischt mit Bienenhonig und Lebkuchengewürzen verströmen. Oft wird der Viognier auch mit Chardonnay verschnitten. Für viele etwas Chardonnay-müde Weinliebhaber ist diese Rebsorte zu ihrer neuen Liebe geworden.

So trinken sich diese Weine am besten

Ganz im Gegensatz zu den Weinen der ›Klassischen Mitte‹ können und wollen sich diese Weine nicht unterordnen. Ihre Rolle ist dominant. Damit das gut geht, brauchen sie als Partner eine ebenso eigenständige Persönlichkeit. Trotz ihrer Intensität passen sie aber zu erstaunlich vielen Gerichten. Sie müssen nur sorgfältig ausgewählt und zusammengestellt werden. Zum Aperitif taugen sie allerdings nicht, da sie eher sättigend als appetitanregend wirken.

Kalte Vorspeisen müssen schon kräftig und ausdrucksvoll sein, um zu harmonieren: Terrinen und Pasteten von Geflügel oder Kalb mit Cumberland-Sauce, Räucherfisch mit Knoblauchmayonnaise, Kalbfleisch- oder Enten-Carpaccio. Warme Vorspeisen aus Fisch, Geflügel oder Kalb (auch Kalbskopf oder -zunge) können dagegen großartig passen, insbesondere wenn die Butteraromen von Blätterteig mitspielen. Die große Persönlichkeit eines australischen oder kalifornischen Chardonnay entfaltet sich natürlich am besten zu einem

charaktervollen Hauptgang. Bei Fischen und Meeresfrüchten sind vor allem Saucen auf der Basis von Weißwein und Butter ideal. Aber auch Enten- oder Gänsebraten oder pochiertes Kalbfleisch wie Tafelspitz oder Filet können sich wunderbar eignen. Besonders gut schmeckt ein Chardonnay zu der köstlichen leichten Süße von gebratener Kalbsleber.

Käse: Chardonnay harmoniert sehr schön mit vielen salzigen Hartkäsesorten aus Kuh- oder Schafsmilch, Sauvignon Blanc dagegen eher mit Ziegenkäse.

Und der Penfolds Privat Bin?

Neben den oben genannten Kombinationen lassen sich zu diesem Wein auch noch viele gegrillte Zubereitungen von Fisch oder Krustentieren vorstellen (z. B. gegrillte Gambas mit Knoblauch und Olivenöl), oder Curry (z. B. Lamm-Curry) und viele weitere Gerichte der asiatischen Küche.

DUFTENDER GARTEN
AROMATISCHE UND LIEBLICHE WEISSWEINE

Der Stil

Hier sind wir im duftendsten Garten der ohnehin schon duftenden Welt des Weins. Jede Blume, die hier wächst, ist eine kleine Primadonna. Sie heißen Muskateller, Gewürztraminer, Riesling und Verdicchio und verströmen einen unverwechselbaren Duft. Er ist immer intensiv, erinnert an Blumen oder Früchte, an Gewürze und Balsam und erscheint selbst dann noch süß, wenn der Wein absolut trocken ist. Jeder dieser Weine besitzt zudem eine so ausgeprägte Persönlichkeit, dass

die Kellermeister es nur ganz selten wagen, sie mit anderen Weinen zu verschneiden. Die Aufgabe des Winzers hat ihren Schwerpunkt deshalb nicht im Keller, sondern schon im Weinberg. Hier muss er für die Rebe die Bedingungen schaffen, aus denen heraus sie ihre ganze Duftfülle entwickeln kann: Er muss genau die richtige Menge Trauben am Stock hängen lassen, damit sich ihre Aromen nicht verwässern, er muss die Lese punktgenau auf den Tag ansetzen, an dem die Säure noch frisch in den Beeren erhalten ist, und er muss rigoros alle minderwertigen oder auch nur leicht angefaulten Trauben herausscheiden, damit keine Misstöne die Reinheit der Düfte stören. Im Keller muss dann alles kühl und sauber ablaufen, kein Holz, kein Barrique darf in die Nähe kommen. Was einem Chardonnay erst richtig auf die Sprünge hilft, würde einen Muscat oder Gewürztraminer ruinieren. Am Schluss erhält er als Lohn einen Wein, in dem die Duftfülle genau jene Grenze erreicht, aber nicht überschreitet, wo die Intensität noch nicht ins Zuviel umschlägt und wo eine lebendige Säure dem wogenden Duft noch Klarheit und Frische entgegensetzt.

Der Prototyp

Kein Wein schmeckt so sehr nach
Trauben, wie die Weine aus der Mus-
katellerrebe. Wenn man ihren unvergleichlichen Duft einzieht und einen
Schluck aus dem Glas nimmt, meint
man, frische Trauben vor sich zu haben.
Wer sie einmal gekostet hat, wird sie
nie mehr verwechseln. Die Muskateller-
rebe ist eine der ältesten im Stamm-
baum der Weinreben. Aus dem Kaukasus kam sie zu den Griechen, die Römer brachten sie nach Frankreich und
Spanien, bis es schließlich rund ums
ganze Mittelmeer wohl keine Region
mehr gab, wo sie nicht wuchs. Sehr alte
Wurzeln besitzt sie im Languedoc und
im Roussillon, wo die Winzer fabelhaf-

te trockene Weine daraus keltern, wie
unseren Prototyp hier – zugleich auch
herrliche Süßweine wie unser Prototyp
bei den Dessertweinen.

**MUSCAT
DE L'ARJOLLE
Prosper und Louis-
Marie Teisserenc
in Pouzolles**

Auf der Domaine de l'Arjolle in Pou-
zolles wird seit zehn Jahren ökologisch sehr bewusst gearbei-
tet. So kommen die Rückstände aus der Presse als organi-
scher Dünger wieder zurück in den Weinberg, und der Boden
ist gesund und voller Leben. Das schenkt den Weinen ihren
sauberen Duft und ihre Komplexität.

Farbe: Helles Gold.
Duft: Leicht, frisch und duftig nach Muskatellertrauben,
Orangen- und Holunderblüten, dazu ein Hauch von Rosen-
blättern, Zitrusfrüchten und Melonen.
Geschmack: Zu den Aromen des Dufts tritt das Gefühl der
knackig-frischen Trauben mit einer angenehmen Säure.
Charakter: Feiner, eleganter Wein, der hinter der attraktiven
Oberfläche noch eine sehr vielschichtige und sublime Per-
sönlichkeit verbirgt.

Was dieser Stil noch zu bieten hat

Frankreich

Trocken ausgebaute Weine aus der Muskatellertraube findet man eher selten. Im Elsass wachsen die bekanntesten dieser Trauben, Muscat d'Alsace (Muscat blanc à petits grains sowie Muscat Ottonel), und in der Südsteiermark mit der Gelben Muskatellertraube die verborgenste.

Wer an aromatische Rebsorten denkt, denkt unwillkürlich auch an Gewürztraminer. Er wird an vielen Orten in Europa und sogar in der Neuen Welt angepflanzt, besonders heimisch fühlt er sich aber im Elsass. Sein Duft ist vielleicht noch betörender als der des Muskateller. Darin mischen sich die schweren Düfte von Rosenwasser, Orangenblüten und süßen Litschis mit Zimt und sogar schwarzem Pfeffer. Gewürztraminer wird häufig mit etwas Restsüße ausgebaut, was seine süßen Düfte weiter unterstreicht.

Deutschland

Kaum eine andere Rebsorte auf der Welt bringt wohl die delikate Balance zwischen intensivem Duft, erfrischender Säure und einem Hauch von Süße großartiger zum Ausdruck als Riesling. In die Stilrichtung ›duftender Garten‹ fallen vor allem die Weine mit dem Prädikat Spätlese. Sie werden an der Mosel wunderbar leicht und trotzdem rassig ausgebaut, im Rheingau etwas runder, voller und körperreicher, überall aber verströmen sie einen fast überschwänglichen Duft nach frischen Äpfeln, reifen Pfirsichen und Limetten.

Italien

In den Marken, westlich von Ancona nahe der mittelitalienischen Adriaküste, wächst mit dem aus der einheimischen Verdicchio-Traube gekelterten Verdicchio dei Castelli di Jesi einer der interessantesten italienischen Weißweine. Er duftet voll und intensiv nach Lindenblüten, Zitrusfrüchten, Quitten und Mandeln.

So trinken sich diese Weine am besten

Die Weine dieses Stils sind hervorragende Alleinunterhalter. Genießen wir sie als Erfrischung und Anregung zwischen den Mahlzeiten oder als Aperitif, so bezaubern sie uns mit ihrer beschwingten Art, die es ihnen wie selbstverständlich erlaubt, die Aufmersamkeit charmant auf sich ziehen, ohne dabei aufdringlich zu wirken. Bei der Essensbegleitung sind sie dann weit weniger kapriziös, als man das von diesen Primadonnen eigentlich erwartet hätte – sehr zarte Nuancen wie von Fisch mit weißem Fleisch werden aber übertönt.

Bei den Vorspeisen passen Muscat und Gewürztraminer hervorragend zu Terrinen und Pasteten aus Fleisch, Wildgeflügel, Geflügelleber und zu vielerlei Quiches. Muscat ist zudem ein idealer Begleiter zu weißem Spargel mit Sauce hollandaise. Riesling ergänzt sehr schön Räucherlachs und Frühlingsrollen.

Hauptgang: Es gibt wenige Weine, die wirklich gut zu den intensiven exotischen Aromen der asiatischen Küche passen. Eine liebliche Spätlese von der Mosel oder aus dem Rheingau harmoniert hervorragend mit der Schärfe süß-saurer Gerichte, aber auch mit Curry. Geradezu ideal sind zudem viele Kombinationen mit Gewürztraminer und Muscat. Die leichte Süße dieser Weine ergänzen vor allem kräftige und salzige Käsesorten sehr gut: Brie, Munster, salzige Hartkäse wie Manchego und Parmesan. Ein kühler Muscat oder Gewürztraminer schmeckt ferner wunderbar zu einem knusprig-duftenden Apfel- oder Birnenkuchen.

Und der Muscat de l'Arjolle?

Zur Vorspeise Spargel oder Crevetten mit Ingwer und als Hauptgang ein thailändisches Hähnchen mit Currypaste und Kokosmilch.

JUGENDLICHE FRUCHT
LEICHTE, ERFRISCHENDE ROT- UND ROSÉ-WEINE

Der Stil

Ein ernsthafter Rotwein braucht Tannin, um zu reifen und zu altern. Die Weine dieses Stils sind aber jung, munter und fröhlich. Was soll da Tannin? Viele Weinliebhaber lassen sich von dieser jugendlichen Unbekümmertheit bezaubern und mitreißen, andere rümpfen dagegen die Nase und meinen, ein richtiger Wein sei etwas anderes. Schade für sie.
Die Seele dieser Weine ist ihre frische Frucht. Sie ist sommerlich wie Beeren und Kirschen, die im Juli schon reif sind. Die herbstliche Schwere von Zwetschgen und Pflaumen ist noch fern. Im Beaujolais, wo dieser Stil ursprünglich zu Hause ist, haben die Winzer sogar eine eigene Gärmethode erfunden, um noch mehr Frucht aus den Beeren zu holen, die Kohlensäuregärung. Frucht wird aber erst durch einen Schuss frischer Säure so richtig lebhaft. Genauso wie eine Schüssel mit Beeren erst durch einen Spritzer Zitronensaft recht eigentlich ›beerig‹ wird. Damit rücken diese Weine in die Nähe der Weißweine, deren Wesen es ja ist, uns mit Frucht und Frische zu erfreuen.
Noch einen Schritt weiter in die Richtung von Weißweinen geht der Rosé. Auch er wird aus roten Trauben gekeltert, aber der Kellermeister lässt die Traubenschalen nur für einige wenige Stunden zusammen mit dem auch bei roten Trauben farblosen Most vergären. Viel herrliche Frucht und Aromatik gelangt so in den Wein, der trotzdem frisch bleibt wie ein Weißwein, der von einem Rotwein träumt. Je nachdem, aus welcher Rebsorte er gekeltert wird, können sein Charakter, seine Farbe und sein (oft erstaunlich hoher) Alkoholgehalt stark variieren.

Der Prototyp leichter Rotwein

Die Beaujolais-Villages-Weine stammen aus dem hügeligen Norden der Region. Hier wachsen auf Granit und Sand ausdrucksvollere und konzentriertere Weine als im südlicheren Bas-Beaujolais. Beaujolais wird immer zu 100 % aus der Gamay-Traube gekeltert.

Farbe: Helles, leuchtendes Rotviolett.
Duft: Schwarze Kirschen sowie reife Beerendüfte, Äpfel und Zwetschgen.
Geschmack: Angenehme, geschmeidige Säure; wenig Tannin; würzig und schön rund, gehaltvoll und körperreich.
Charakter: Sehr ausgewogener Wein, in dem sich prägnante Frucht und harmonische Säure ergänzen.

DOMAINE DE LA SORBIÈRE
Jean-Charles Pivot in Quincié-en-Beaujolais

Der Prototyp Rosé

Die Rotweine aus der Syrah-Traube sind tiefdunkel, warm und pfeffrig. Die Rebsorte stammt von der oberen Rhône, und in jedem Glas strahlen die Sonne und die Wärme des Südens. Das geniale an einem Syrah-Rosé liegt in der Verbindung von südlicher Kraft mit herrlicher Frische. Man fühlt sich wie an einem heißen Sommertag unter einem kühlen Sonnenschirm.

Farbe: Transparentes, tiefes Rosa.
Duft: Kräftiges Beerenaroma (Rote Johannisbeeren, Erdbeeren).
Geschmack: Weiche, aber erfrischende Säure, angenehm erdige Note.
Charakter: Charaktervoller, harmonischer Sommerwein.

CERCIUS
Rosé de Syrah Terroirs Club in Béziers

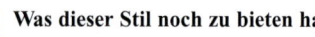

Was dieser Stil noch zu bieten hat

Leichte Rotweine

Kühle bringt Fruchtigkeit beim Weißwein wie beim Rotwein. Diese Weine stammen daher eher aus kühleren Regionen, wo die Sonne sie nicht mit allzu viel Körper, Kraft, Tannin und Alkohol auflädt. Wenn der Kellermeister aber sein ganzes Augenmerk darauf richtet, mehr Frucht als Tannin aus den Beerenhäuten zu extrahieren, können auch im Süden Frankreichs und Italiens aus fast allen roten Rebsorten leichte Weine entstehen.

Frankreich: Der berühmte Beaujolais aus der gleichnamigen Region zwischen dem Burgund und der Stadt Lyon ist das große Muster und allgemein anerkannte Vorbild dieses Weinstils. Aber auch im Süden Frankreichs, entlang dem Rhône-Tal, in der sonnenverwöhnten Provence, im Languedoc und im Roussillon, entstehen aus einer ganzen Reihe einheimischer Rebsorten herrlich frische und jugendlich fruchtige

Rotweine einer ganz neuen Generation. Die modernen Kellermethoden mit Kühltechnik und die Verwendung von Stahltanks haben es auch hier möglich gemacht.

Italien: In Venetien reifen traditionellerweise jugendlich fruchtige Weine aus der Merlot- und Pinot-Nero-Rebe. Mitten zwischen den Felswänden des Trentino liegt nach Meinung Goethes der schönste Weingarten Europas, und hier wächst der Teroldego. Die eigentlichen Entdeckungen kann man aber im Süden machen: Wie in Südfrankreich werden auch in den Abruzzen, in Apulien und in Sizilien aus den einheimischen Rebsorten junge, frische und fruchtige Rotweine bereitet.

Rosé-Weine

Fast jede Region Frankreichs versucht ihre roten Rebsorten auch als Rosé zu interpretieren. In Italien nennt man den Rosé Chiaretto, in Spanien Rosado.

So trinken sich diese Weine am besten

Diese Weine sind Sommerweine, leicht, sommerlich frisch und einfach sind deshalb auch die Gerichte, die am besten dazu passen. Der Rosé muss dabei nicht auf den Abend warten, er belebt unser Gespräch schon vorher, vielleicht begleitet von ein paar Oliven oder getrockneten Tomaten. Nichts harmoniert angenehmer mit einer kalten Vorspeisenplatte, die man am besten nach der Herkunft der Weine zusammenstellt: italienisch mit Salami, Prosciutto, Coppa, Mortadella; französisch mit Schinken, Pasteten und Quiches; deutsch mit kaltem Braten (auch Hähnchen) und Hausmacherwurst. Ein südfranzösischer Rosé passt auch hervorragend zu Garnelen mit Knoblauch vom Grill. Beim Hauptgang sind fast alle nicht allzu raffinierten Zubereitungsarten von Geflügel möglich, am besten einfach vom Grill oder aus der Bratröhre. Das gleiche gilt für Schwein und Kalb. Da die Zuordnung von Rotwein zu Fleisch und Weißwein zu Fisch ja schon länger nicht mehr zwingend ist, versuchen wir es auch mit Fisch und

Meeresfrüchten, vor allem bei kräftigen mediterranen Zubereitungen mit Gewürzen, Knoblauch und Tomaten. Beaujolais passt außerdem sehr schön zu Leber.
Käse: Diese Weine schmecken wegen ihres niedrigen Tanningehalts hervorragend zu mildem, jungem Schnitt- und Weichkäse (Brie, Camembert).

Und der Beaujolais-Villages?

Außer zu den genannten Kombinationen passt er sehr schön auch zu einem Coq au Vin.

Und der Rosé de Syrah?

Dieser Wein kommt vom Meer, versuchen Sie ihn daher zu einer saftigen Dorade.

KLASSISCHE MITTE
MITTELSCHWERE, CHARAKTERVOLLE ROTWEINE

Der Stil

Würde man einen Weinfreund fragen, welcher Wein seiner Meinung nach der klassischste aller Weine sei, er würde mit Sicherheit einen mittelschweren Rotwein nennen, einen Bordeaux, einen Burgunder, einen Chianti oder Rioja. Bei diesen Weinen vereinigt sich alles, was einen vollkommenen Wein ausmacht: Verführerischer Duft öffnet die Sinne, saftige Säure regt den Appetit an und samtenes Tannin reinigt den Mund, bevor man den nächsten Bissen nimmt.

Jede traditionelle Weinregion besitzt in ihrem Kern Weine dieses Stils. Sie stehen und standen nicht nur auf der reich gedeckten Tafel der Betuchten, sie tun das ebenso auf dem einfachen Tisch des Bauern und Handwerkers. Denn alle brauchen einen Begleiter bei Tisch. Daraus erwuchs ein fabelhafter Reichtum an Qualitäten und Stilen. Der Winzer im Burgund kennt andere Trauben, anderes Wetter und andere Traditionen als sein Kollege im Chianti-Gebiet. Die Vielfalt ist deshalb größer als bei irgendeinem anderen Stil.
Ihr Hauptmerkmal ist das Maß und die Mitte. Sie müssen als Allrounder mit einer Vielzahl von Gerichten korrespondieren, sie sollen ergänzen und ein Gespräch auf gleicher Ebene führen. Das gelingt ihnen dank ihrer eigenen harmonischen Persönlichkeit, die oftmals noch mit ein paar Jahren Reife in der Flasche gewinnt.
Alle anderen Weine sind immer auch Spezialisten für Vorher oder Nachher, für den Sommer oder den Winter, für die romantische Stunde oder den einsamen Abend. Die mittelschweren Rotweine mischen sich da nicht ein. Ihnen gehört die Mitte des Lebens.

Der Prototyp

Dieser Wein ist ein klassischer Bordeaux aus einer nicht klassischen Region. Eingeschlossen zwischen den beiden Flüssen Dordogne und Garonne liegt das große Gebiet Entre-Deux-Mers. Wenn die Flut besonders hoch steigt, dann umschließen sie die Landschaft wirklich wie zwischen zwei Meeresarmen. Das Entre-Deux-Mers ist eine anmutig ländliche Hügellandschaft mit vielen Mühlen, Burgen, befestigten Dörfern. Damit bildet es einen auffälligen Gegensatz zum aristokratischen Médoc. Hier wächst vor allem Weißwein, und nur dafür ist die Appellation Entre-Deux-Mers zugelassen. Wer Rotwein produ-

ziert, und sei er noch so gut, muss ihn als einfachen Bordeaux AOC etikettieren. Die Kenner finden ihn trotzdem. Der Bordeaux von Château Bonnet wurde aus den auch im Médoc klassi-

CHÂTEAU BONNET
Réserve
André Lurton
in Grézillac

schen Rebsorten Cabernet Sauvignon, Cabernet Franc und Merlot verschnitten. Die beiden Cabernets schenken ihm den inneren Halt, die Struktur und das Tannin, der Merlot umgibt ihn mit seiner weicheren Frucht und seinem Fleisch. Um alle Elemente schön miteinander zu vereinen, wurde der Wein für sechs Monate in neuen kleinen Barriques ausgebaut.

Farbe: Attraktives, tiefes Rot mit violetten Reflexen.
Duft: Weiche Fruchtaromen von Brombeeren, Zwetschgen und Schwarzen Johannisbeeren; etwas frische grüne Paprika im Hintergrund; erste Reifetöne von Leder und Mokka.
Geschmack: Samtenes Tannin und angenehme frische Säure; mittlerer Körper.
Charakter: Sehr harmonischer, stilvoller Wein, der viel Genuss bereitet.

Was dieser Stil noch zu bieten hat

In allen traditionsreichen Weinregionen der Welt entstehen Weine in dieser Stilrichtung.

Frankreich
Ein roter Bordeaux ist gewissermaßen das Vorbild, an dem alle Maß nehmen müssen. Bordeaux gibt es vor allem in zwei großen Stilrichtungen: die eher von Cabernet Sauvignon bestimmten etwas strengeren Weine vom linken Ufer der Gironde (z. B. Margaux und Saint-Julien) und die weicheren Weine mit einem höheren Anteil an Merlot vom rechten Ufer (z. B. Saint-Émilion). Man findet aber auch unter den ›einfachen‹ Bordeaux tolle Weine wie unseren Prototyp. Der zweite große Klassiker dieses Weinstils in Frankreich ist natürlich der Burgunder. Vom goldenen Hang der Côte d'Or, südlich von Dijon, kommen seit Jahrhunderten viel gepriesene Weine. Sie sind zwar nicht so körperreich wie die Weine aus dem Bordelais, aber sie strahlen eine so sinnliche Magie aus wie kein anderer Wein auf der Welt. Weiter südlich im Rhône-Tal und im Languedoc spürt man die Nähe des Mittelmeers, die Weine werden würziger und voller, man riecht förmlich den Duft von Rosmarin und Lorbeer.

Italien
Im Piemont sind die fruchtigen Barberas besonders attraktiv, im Veneto kann der Valpolicella in der richtigen Hand ebenfalls die Statur eines charaktervollen Rotweins annehmen. Der italienischste aller italienischen Weine, der Chianti, ist längst nicht mehr der einfache Chianti von einst, sondern bei sehr vielen Produzenten zu einem wundervoll veilchenduftigen Genuss geworden.

Spanien, Portugal
Beide Länder haben in den letzten Jahren zum Teil atemberaubende Fortschritte gemacht. Sie sind damit zu einer Fundgrube für Weine mit einem hervorragenden Preis-Leistungs-Verhältnis geworden.

Neue Welt

Die Neue Welt hat mehr zu bieten als ›nur‹ schwere, konzentrierte Weine, obwohl dieser Stil natürlich vorherrscht. Vor allem im kühleren Maipo-Tal Chiles und in den auf über 1000 Metern über dem Meeresspiegel liegenden Weinbergen im argentinischen Mendoza entstehen attraktiv fruchtige und nicht allzu schwere Weine mit mittlerem Körper.

So trinken sich diese Weine am besten

Diese Weine gehören zum Essen. Ein Glas Chianti ohne mindestens einen Teller Pasta dazu will keine rechte Freude bereiten. Und mit diesen heimatlichen Gerichten sollte man ihn auch am Tisch zusammenführen und genießen. Wenn man zwischen Vorspeise und Hauptgang den Wein wechseln will oder kann, so würde der mittelschwere Rotwein klar zum Hauptgang gehören. Das ist sein Platz. Wenn man aber nur einen Wein genießen will, kann man zur Vorspeise mit

einem französischen Wein auch französische Wurstwaren und Roastbeef oder Pasteten servieren, zu einem italienischen ebenfalls Wurstwaren, aber natürlich Pasta mit einer Tomatensauce oder ein Pilz-Risotto. Beim Hauptgang sind die Möglichkeiten fast unbegrenzt. Insbesondere sind alle Gerichte mit gebratenem oder geschmortem Fleisch hervorragend geeignet (Tournedos, Chateaubriand, geschmortes Ochsenbäckchen), aber auch Ente, Gänsebraten und anderes Geflügel, vor allem in Zubereitungsarten mit Wein (z. B. Coq au Vin). Auch kräftig gewürzte Fischgerichte (z. B. mit Tomatensauce) können sehr gut harmonieren.

Und der Château Bonnet?

Er ist ideal zu kurz gebratenem Fleisch, zu Wild- und Geflügelgerichten und zu gebratenen Fischen mit einer kräftigen Sauce (z. B. Seewolf in Safransauce oder Riesengarnelen mit Knoblauch und Olivenöl).

VOLLE WUCHT
SCHWERE, KONZENTRIERTE ROTWEINE

Der Stil

An der südlichen Rhône wächst das europäische Urbild dieses Weinstils. Uralte Syrah-Stöcke treiben hier ihre Wurzeln in hellen Gneis und dunklen Schiefer. Ihre Trauben werden dickschalig, tiefdunkel, und hoch konzentriert. Und genau so ist auch der Wein. Sein Duft erinnert an gekochte Früchte und an Gewürze, im Mund fühlt er sich fast süß an, aber sein in der Jugend beinah überbordendes Tannin gibt ihm Halt, Struktur und mit den Jahren dann auch Eleganz und Finesse. Hier ist

die Heimat des Syrah, seine Wiege steht zwar an der nördlichen Rhône, aber er findet immer mehr Freunde in ganz Südfrankreich und vermählt sich dort gern mit Grenache, Carignan und Mourvèdre. Kein Wunder, dass die fruchtverliebten Australier diese Rebsorte gern adoptierten. Sie erzogen sie aber nach ihrem Geschmack: neben der Konzentration sollte sie vor allem Frucht bringen. Schließlich war Tannin nur gefragt als das süße, vanilleduftige Tannin des Eichenholzes und nicht als das herbe aus den Schalen und Kernen.
Was den Australiern mit Syrah gelang, versuchten alle Länder der Neuen Welt mit der vornehmsten Rebsorte überhaupt, mit Cabernet Sauvignon. Ihre aristokratische Strenge verlangte in Europa immer nach der samtenen Weichheit von Merlot. Die Kalifornier, die Chilenen, die Australier und die Neuseeländer entdeckten die weiche Seite der Traube und erfanden sie neu. Was in Europa aus klimatischen Gründen, aus Tradition oder aus einem anderen Stilempfinden heraus nicht angestrebt wurde, gelingt in der Neuen Welt. Dort gestaltet man Cabernet Sauvignon zu einem Wein neuen Geschmacks, zwar immer noch mit Haltung, aber doch auch voll, fruchtig und warm.

Der Prototyp

Die Appellation Corbières bildet den westlichen Abschluss des Languedoc. Weiter südlich beginnt das bis in die Pyrenäen und an die spanische Grenze reichende Weinbaugebiet des Roussillon. In der sich bis zum Mittelmeer erstreckenden Ebene des Languedoc liegen die großen Sümpfe und Lagunen, die jeder Spanienreisende von der Durchfahrt auf der Autobahn kennt. Im Landesinnern aber steigen die Berge rasch an. Hier öffnet sich eine der faszinierendsten und wildesten Landschaften Südfrankreichs. Umgeben von Bergeichenwäldern und der Garrigue, der südfranzösischen nach Rosmarin und Lorbeer duftenden Strauchheide, wachsen unterhalb der zerklüfteten Berge an sonnenverwöhnten Hanglagen Weine mit ganz eigenwilligem Charakter. Die Rebsorten (Syrah, Grenache, Carignan, Mourvèdre) sind alle ausgesprochen mediterran. Besonders auffällig ist Carignan. Diese sonst eher als Massensorte diskriminierte Rebe wird

gegenwärtig wieder entdeckt. Auf dem Gut Villemajou stehen über 40 Jahre alte Rebstöcke, deren Trauben nach der Methode der Ganzbeerenvergärung *(macération carbonique)* verarbeitet werden. So entfaltet sich ihr Wein intensiv fruchtig, und die Tannine sind samtig weich.

Farbe: Tiefes, fast undurchdringliches Kirschrot.
Duft: Viel Frucht, darunter gekochte schwarze Kirschen und Pflaumen, Gewürze (Wacholder, Lorbeer).
Geschmack: Warmer, voller Mundeindruck; Pfeffer, Schokolade; saftige, an die Früchte erinnernde Säure; weiches Tannin.
Charakter: Ein füllig runder, saftiger Wein mit reichem Aromagehalt.

DOMAINE DE VILLEMAJOU
Gérard Bertrand
in Saint-André-de-Roquelongue

Was dieser Stil noch zu bieten hat

Nur dort, wo die Sonne die Trauben verwöhnt, können Weine dieses Stils gedeihen. In Europa geschieht dies vor allem in Südfrankreich. Richtig entfaltet hat er sich aber erst in der Neuen Welt.

Frankreich

Im Rhône-Tal kann sich selbst ein eher ›einfacher‹ Côtes du Rhône zu einem vollen, schweren Wein aufschwingen, wenn er aus den Händen des richtigen Winzers kommt. Ein großartiger, typischer Wein dieser Stilrichtung ist der konzentrierte und tiefdunkle Châteauneuf-du-Pape der bedeutendsten Appellation der südlichen Rhône. Er wird aus bis zu dreizehn verschiedenen Rebsorten gekeltert und verströmt einen reichen, würzigen Duft, der an Pflaumen, Kirschen und alle Gewürze des Südens erinnert. Aus dem Languedoc stammt unser Prototyp, er steht für viele vergleichbare Weine aus dieser aufstrebenden Region.

Italien

In Italien ist dieser Stil nicht wirklich zu Hause, deshalb erstaunt es etwas, dass ausgerechnet im Norden des Landes, in der Nähe des Gardasees, einer der berühmtesten trockenen, konzentriert-schweren Rotweine überhaupt wächst, der Amarone. Das gelingt nur dank eines speziellen Verfahrens. Der Winzer trocknet die Trauben auf Strohmatten oder Korbgeflechten, um ihren Saft zu konzentrieren, bevor er sie keltert und vergärt.

Die Neue Welt

In allen Ländern der Neuen Welt wird dieser Stil geschätzt und gepflegt. Er ist geradezu zum Markenzeichen der Neuen Welt geworden. Die wichtigsten Rebsorten sind Syrah (in Australien schreibt man Shiraz), Cabernet Sauvignon und Zinfandel (vor allem in Kalifornien).

So trinken sich diese Weine am besten

Wenn es im Winter draußen schneit und alles friert, dann wärmen diese Weine Leib und Seele. Zu leichten Sommerspeisen passen sie weniger. Einzige Ausnahme ist vielleicht eine sommerliche Grillparty. Zu den hervorstechenden kräftigen Grillaromen kann ein Wein aus der Neuen Welt, ein kalifornischer Zinfandel etwa, großen Spaß bereiten.
Als Begleiter zu einer leichten Vorspeise sind diese Weine zu schwer. Nur zu einer kräftigen Wildterrine oder -pastete, zu würziger Salami und geräuchertem Schinken kann man sie mit Gewinn servieren. Beim Hauptgang blühen diese Weine erst richtig auf, besonders zu allen kräftigen Fleischgerichten: Zu kurz gebratenem rosa oder blutigem Rindfleisch (Filet, Tournedos, Entrecote) etwa oder zu allen kräftig gewürzten Schmorgerichten, einem Ochsenschwanz oder einem Sauerbraten. Auch zu Lamm und Wild (besonders auch Wildgeflügel, Hasenpfeffer und Wildragout) mit ihren intensiven Aromen sind sie ideale Begleiter. Gänsebraten und

Ente werden gern mit Honig oder Orangen gewürzt, diese leichte Süße verbindet sich sehr schön mit der konzentrierten Fruchtsüße etwa eines australischen Shiraz. Die vor allem dem Zinfandel eigene ›süße‹ Fruchtigkeit vereint sich auch gut mit den Düften und Aromen orientalischer und asiatischer Fleischgerichte.
Käse: Am besten passt dazu ein leicht süßlicher Hartkäse, z. B. Emmentaler.

Und der Corbières?

Natürlich muss es etwas Mediterranes sein, ein Lammrücken mit provenzalischen Kräutern etwa oder ein Kaninchen mit schwarzen Oliven. In der Jagdsaison wäre auch ein schönes Gulasch vom Hirsch oder Wildschwein zu empfehlen.

HERBSTLICHE REIFE
REIFE, EDLE ROTWEINE

Der Stil

Aus dem vielfältigen Zusammenwirken von Mensch und Natur, Winzer und Rebstock in Weinberg und Keller geht der Wein hervor. Dann aber, wenn er im Fass ruht, oder in der Flasche, tritt die Zeit in sein Leben. Sie wirkt fast unmerklich über Jahre, manchmal Jahrzehnte hinweg. Sie verwandelt den Wein nachhaltig, nicht immer zu seinem Vorteil, manchmal aber schon. Und wenn das geschieht, dann können Weine entstehen, die zum Sublimsten gehören, was Winzer zu schaffen in der Lage sind. In seiner Jugend bezaubert der Wein mit seinem Charme, aber in seinem Herbst legen sich alle Stürme, und er wird milde und abgeklärt. Nur Weine mit einem großen Charakter erreichen diesen Zustand der Güte und des Glücks. In der Regel sind es nur große Rotweine, die mit Gewinn altern und reifen. Ihr reiches Tannin wirkt wie ein Konservierungsmittel, das sich mit der Zeit abbaut. Wir finden es mit einer Vielzahl anderer Stoffe später als Depot in der Flasche. Der Wein wird blasser und milder. Aber auch die Aromen verwandeln sich. Der verführerische Duft nach Beeren und Früchten geht über in herbstliche Noten: Unterholz, Pilze, Leder und Wild.

Die Neue Welt setzt dagegen ganz auf jugendliche Frucht, auf Fülle und Kraft. Die abgeklärten, sublimen Qualitäten der reifen Weine sind ihr (noch) fremd. Deshalb findet man Weine dieses Stils dort auch noch seltener. Die Entwicklung in der Neuen Welt hat aber auch bei uns die Weinlandschaft spürbar verändert. Viele moderne Weine aus europäischen Anbaugebieten sind heute viel früher trinkfertig und versuchen Reife mit Frucht zu verbinden.

Der Prototyp

Das Rioja-Gebiet im Nordosten Spaniens, durch das der Pilgerweg nach Santiago de Compostela führt, liegt schon fast in der Nähe Frankreichs. Als im 19. Jahrhundert die Reblaus die Weinberge des Bordelais verwüstete, wanderten viele französischen Winzer nach Spanien aus. Sie brachten ihr fundiertes Weinwissen mit und beeinflussten damit nachhaltig den Weinbau im nur wenig entfernten Rioja-Gebiet. Insbesondere lehrten sie ihre spanischen Kollegen den Gebrauch der kleinen Eichenfässer. Seither sind die Rioja-Winzer verliebt in die süßen Vanille- und Karamellaromen des Eichenholzes. Ein Rioja Reserva muss mindestens drei Jahre reifen (eines davon im Barrique), ein Gran Reserva mindestens fünf (zwei im Barrique). Die meisten Winzer gehen aber noch weit darüber hinaus. Rioja ist also selten ein junger Wein, wenn er auf den Markt kommt. Unser Wein war 18 Monate im Eichenfass und weist heute ein sehr schön eingebundenes Eichenaroma auf, das aber die

immer noch lebendigen Fruchtaromen nicht übertönt. Die Hauptrebsorte ist Tempranillo, dessen Weine immer eine tiefe Frucht, süßes Tannin und eine eher milde Säure besitzen.

Farbe: Leuchtendes Purpurrot mit einigen orangefarbenen Reflexen.
Duft: Reife Früchte (Zwetschgen) und beginnende herbstliche Noten (Leder, Unterholz und Pilze) schließen sich mit der Vanille aus dem Holzfass zu einem attraktiven Bukett zusammen.
Geschmack: Zu den Düften treten im Hintergrund noch Schokolade, Kaffee und Gewürze (Lorbeer); der Wein besitzt eine angenehme Säure und samtenes Tannin.
Charakter: Ein charaktervoller Wein auf dem Höhepunkt seiner Entwicklung.

VALSERRANO
Reserva
Juan Pablo de Simón
in Villabuena

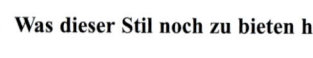

Was dieser Stil noch zu bieten hat

Dieser Weinstil ist klassisch europäisch. In allen großen Weinregionen sind neben den für den frühen Genuss geschaffenen Weinen mit mittlerem Körper immer auch große Weine entstanden, die vom Winzer mit viel Tannin befrachtet wurden, um sie für eine lange Reifezeit zu rüsten.

Frankreich

In erster Linie gehören natürlich die Gewächse aus dem Bordelais zu dieser Stilrichtung, vor allem die Grands Crus Classés aus den verschiedenen Appellationen. Sie besitzen das Potenzial, zu großer Majestät heranzureifen. Nicht weniger berühmt und gesucht sind die reifen Weine aus dem Burgund. Sie sind leichter und nicht selten von betörender Sinnlichkeit.

Auch die Weine von der südlichen Rhône, etwa ein Châteauneuf-du-Pape, können häufig länger und dann mit Gewinn gelagert werden.

Italien

Italien besitzt einige sehr markante und geachtete Vertreter dieses Stils. Im Piemont wird aus Nebbiolo der berühmte Barolo gekeltert. Früher brauchte er mehr als zehn Jahre, um Trinkreife zu erlangen. Heute ist er schon etwas früher bereit, aber zehn Jahre übersteht er immer noch ohne Probleme.

In der Toskana wächst im Umkreis des malerischen Städtchens Montalcino der legendäre Brunello – ein Wein, der ebenfalls Jahre braucht, um seine große Persönlichkeit zu entfalten.

Spanien

Die wichtigsten spanischen Lagerweine stammen sicher aus dem Rioja-Gebiet.

Neue Welt

Selbst die Neue Welt hat inzwischen entdeckt, welch großartiges Reifepotenzial in ihren eigenen körperreichen Rotweinen schlummert, und so stammen nun immer häufiger auch aus diesen Ländern Weine, die es verdienen, einige Jahre gelagert zu werden.

So trinken sich diese Weine am besten

Die Weine dieses Stils sind edel und zurückhaltend, ihre Aromen fein und erlesen. Sie passen nicht zu aufdringlichen, allzu vordergründigen und ›lauten‹ Gerichten. Raffinement ist wichtiger als Kraft. Herbstliche Gerichte harmonieren jedoch großartig, besonders zartes Wild, und natürlich auch die Meisterwerke der *haute cuisine*.
Als Begleiter einer Vorspeise sind sie nur in Ausnahmefällen wirklich passend. Wenn man es trotzdem versuchen will, dann nur zu feinen Speisen: zu geräucherter Gänsebrust, Nudeln mit Trüffeln, raffinierten Terrinen und Pasteten von Wild oder Geflügel. Beim Hauptgang können sie zu einer breiten Palette von Fleischgerichten gereicht werden: zu zart

gebratenem Filet vom Schwein, Kalb oder Rind, zu nicht allzu kräftig gewürzter Lammkeule und ganz besonders auch zu Schmorgerichten. Unbestreitbar gut passen natürlich alle Wildgerichte zu gereiften Weinen. Man sollte aber darauf achten, dass auch sie nicht allzu aufdringlich gewürzt sind. Geflügel und Kaninchen in raffinierten Zubereitungen passen ebenfalls sehr gut zu unserem Weinstil. Beim Käse sollte man eine weniger kräftige und salzige Sorte vorziehen. Ein milder Hartkäse wie z. B. ein Emmentaler eignet sich am besten. Weichkäse ist nur mit einem tanninarmen Burgunder wirklich ein Genuss.

Und der Rioja?

Als Vorspeise könnte man eine Entenbrust mit Cassis wählen und dann zum Hauptgang eine Putenroulade auf Tomatenmus oder ein Kaninchenragout mit Kartoffeln.

Perlender Charme
Schaumweine

Der Stil

Schaumwein ist eigentlich der falsche Name für diese Weine. Sicher, sie schäumen beim Einschenken, und manchmal tun sie das sogar im Überfluss. Aber dann legt sich der Schaum, und wir erblicken den ruhigen Strom der Perlen. Sie offenbaren etwas von der Seele dieser Weine, von ihrer gelassenen Eleganz, ihrer sprühenden Lebensfreude und zugleich etwas von der Melancholie der Vergänglichkeit. Zwar ist jeder Wein auch eine Augenfreude, aber Schaumweine sind es ganz besonders. Ihr leuchtendes Perlenspiel macht das Glas für Augenblicke zum festlich glänzenden Mittelpunkt eines Raums. Es muss hoch sein, elegant und schlank, und man füllt es zu drei Vierteln voll, so können die Perlen ihr Spiel entfalten. Die Weinenthusiasten vergangener Tage, pikanterweise vor allem Mönche, haben sich viel einfallen lassen, um dieses Meisterwerk der Kellerkunst zu schaffen: Das Prinzip ist einfach. Wenn die bei der Gärung sich bildende Kohlensäure in einem geschlossenen Behälter nicht entweichen kann, entsteht Druck und sie löst sich im Wein. Hebt man den Druck wieder auf, so perlt diese Kohlensäure wieder aus. Beim Champagner und bei allen Weinen, die nach der ›traditionellen Methode‹ hergestellt werden, geschieht das in einem komplizierten Verfahren in der Flasche, bei allen anderen auf eine viel weniger aufwändige Weise in einem Tank. Den Unterschied sieht und schmeckt man. Weine mit Flaschengärung haben viel feinere und ruhiger aufsteigende Perlen. Sie duften zudem delikat nach Hefe, Haselnüssen und frischem Brot. Die Perlen von Weinen mit Tankgärung sind größer und schneller verrauscht. Sie lassen die Feinheit und Eleganz vermissen.

Der Prototyp Flaschengärung

Der Produzent dieses Champagners ist ein kleiner Familienbetrieb mit nur 25 Hektar Weinbergen in den besten Lagen der Côte des Blancs, die mitten im Herzen der Champagne südlich von Épernay liegt. Die von hier stammenden Weine sind berühmt für ihre Frische und Finesse.

Farbe: Schönes leuchtendes Gold; feiner, anhaltender Perlenstrom.
Duft: Hefe, auf warmem Toast zerfließende Butter; Mandeln; dazu feine Frucht (Apfel, Pfirsich, Aprikose).
Geschmack: Schmelzende Säure.
Charakter: Sehr stilvoller und erfrischender Champagner bester Qualität.

**CHAMPAGNE Brut
Cuis 1er Cru
Domaine
La Croix-Blanche
Famille Gimonnet
in Cuis**

Der Prototyp Tankgärung

Schon die Römer bauten die Rebsorte Prosecco in Venetien an. Früher kam in dem relativ kühlen Anbaugebiet im Winter die Gärung oft zum Stillstand und setzte im Frühling erneut ein, wenn die Flaschen schon abgefüllt waren. So kam auf natürliche Weise Kohlensäure in den Wein. Heute wird Prosecco im Tankgärverfahren hergestellt. Val de Brun arbeitet schon mehr als zehn Jahre nach ökologischen Grundsätzen.

Farbe: Helles Strohblond.
Duft: Lindenblüte, frisches Zitronenaroma und ein Hauch von Ananas.
Geschmack: Restsüße, sanfte Säure.
Charakter: Belebender Partywein.

**PROSECCO
Val de Brun
Vino Spumante – Brut
Gebrüder Polegato in
Crocetta del Montello**

Was dieser Stil noch zu bieten hat

In vielen Weinregionen der Welt wird Schaumwein bereitet, meist neben und parallel zu den Stillweinen, und gerade diese ›Nebenprodukte‹ können manchmal ganz besonders interessant sein.

Frankreich

In einigen Weinregionen Frankreichs nennt man die nach der traditionellen Methode der Flaschengärung hergestellten Schaumweine auch Crémant. Sie sind in aller Regel elegant und reintönig. Die dazu verwendeten Rebsorten sind regional sehr unterschiedlich. Zu den bekanntesten Weinen zählen Crémant de Bourgogne, Crémant d'Alsace, Crémant de Die, Crémant de Limoux sowie Crémant de Loire.

Italien

In verschiedenen Weinbaugebieten Norditaliens, besonders in den Regionen Venetien und Piemont sowie in dem DOC-Bereich Franciacorta, der südlich des Lago d'Iseo in der Provinz Brescia in der Lombardei liegt, werden hervorragende Schaumweine nach dem Vorbild der Champagne aus Chardonnay und Pinot Noir hergestellt. Sie sind sehr oft weit mehr als bloße Nachahmungen und besitzen eigene Persönlichkeit und Charakter.

Spanien

Vor etwas mehr als 130 Jahren erlernte ein weit blickender Unternehmer die Technik der Flaschengärung in der Champagne und brachte sie in die hügelige Landschaft des Penedès südwestlich von Barcelona. Er experimentierte mit Rebsorten und Stilen, bis er einen eigenen *Xampan* entwickelt hatte, der ganz anders war als der Champagner: den Cava. Heute gehören die spanischen Cavas zu den besten Schaumweinen der Welt.

So trinken sich diese Weine am besten

Schaumweine strahlen eine Atmosphäre von Festlichkeit und Luxus aus. Sie sind zum Anstoßen und Feiern geschaffen, sei es im privaten Rahmen oder in großer Gesellschaft. Ihr prickelnd anregender Charme macht sie auch zum Komplizen beim romantischen Abend zu zweit.

Ein erfrischender Schaumwein passt zu fast jeder Gelegenheit: Wer noch nie ein Sekt- oder Champagner-Frühstück genossen hat, sollte das gleich nachholen. Dass ein Schaumwein sich hervorragend zum Aperitif eignet, wissen alle, aber es wäre schade, ihn darauf zu beschränken. Er passt als luxuriöser Begleiter zu jedem Gang einer Mahlzeit, nur sollten die Speisen einen gewissen Luxus oder zumindest etwas Glamour ausstrahlen. Als Vorspeise empfehlen sich Austern, Lachs, Foie gras oder natürlich Kaviar (aber dann nur mit Champagner). Doch es geht auch etwas schlichter mit einer feinen Pastete oder Terrine. Beim Hauptgang dürfen die Speisen geschmacklich den Schaumwein nicht übertönen. Am besten eignen sich delikate Gerichte von Fisch oder Krustentieren. Die Kombination Käse und Schaumwein ist schwierig. Am ehesten gehen milde Weich- und Edelschimmelkäse.

Und der Champagne Blanc de Blancs?

Er ist ein idealer Aperitif, passt aber auch zu feinen Vorspeisen wie Austern oder delikaten Flussfischzubereitungen.

Und der Prosecco?

Am besten schmeckt auch er als Aperitif oder einfach als erfrischendes Sommergetränk. Man kann ihn aber ebenso gut zu Fischen und Meeresfrüchten genießen.

SÜSSE VERSUCHUNG
DESSERTWEINE

Der Stil

Bis fast in unsere Zeit hinein wurde Wein mit Ochsenkarren transportiert, auf dem Rücken von Maultieren oder im Bauch von Segelschiffen. Nicht immer bekam ihm das. Gesellte sich dann noch die Hitze des Sommers dazu, so erreichte den erwartungsfrohen Endverbraucher statt des bestellten Nektars aus dem Süden wohl viel zu oft eine essigsaure Enttäuschung. Eines der ältesten Konservierungsmittel für Wein ist Süße. Man ließ die Trauben überreif werden, trocknete sie zu Rosi-

nen oder mischte Honig hinzu. Süße Weine sind daher so alt wie der Wein selbst. Süße war zudem rar und luxuriös, denn Zucker war noch nicht erfunden, und die Bienen waren wohl emsig, aber Ströme von Honig flossen auch damals nur im Paradies. In allen Weinregionen gab und gibt es deshalb eine weit zurückreichende Tradition dieses Weinstils.

Im späten Mittelalter entdeckten die Alchemisten zudem, dass man aus Wein auch Alkohol destillieren konnte. Der so gewonnene ›Weingeist‹ besaß zwei sensationelle Eigenschaften. Schüttete man etwas davon in den Wein, so ließ er sich bis nach England verschiffen, ohne zu verderben. Zweitens konnte man damit die Gärung stoppen. Der Wein gärte dann nicht bis der Fruchtzucker verbraucht war, sondern blieb süß. Der süße, mit Alkohol verstärkte Wein war erfunden.

Niemanden freute das mehr als die Briten. Sie waren auf ihrer Insel wahrhaft benachteiligt, denn je nach politischer Weltlage mussten sie ihren Wein aus Spanien, Portugal oder Sizilien importieren. Und so kam alles zusammen: Die Weine waren süß und mit Alkohol verstärkt, und man konnte sich daran wärmen, wenn man vor dem Kamin saß und fror.

Der Prototyp Porto

Am Oberlauf des Douro wachsen die Trauben für den Portwein. Da die Gärung schon nach zwei Tagen mit einer Zugabe von Weinbrand gestoppt wird, muss durch Zerstampfen vorher so viel Farbe und Geschmack wie möglich aus den Beerenhäuten herausgeholt werden. Dann lagert dieser Wein vier bis fünf Jahre im Fass, wird dabei heller und entwickelt seine unvergleichlichen Aromen.

Farbe: Helles Ziegelrot.
Duft: Duftfülle von Pflaumen, getrockneten Feigen, Nüssen und Gewürzen.
Geschmack: Voll und warm (man spürt die Wärme des Alkohols), fruch-

PORTO ANDRESEN
Tawny
Selected Reserve
J. H. Andresen in
Vila Nova de Gaia

tig-würzig, nicht zu üppige Süße.
Charakter: Ein Seelenwärmer.

Der Prototyp Muscat

Der Muscat de Rivesaltes wird aus der kleinbeerigen, fruchtigen und delikaten Muscat à petits grains gekeltert. Jung ist der Wein unwiderstehlich, kann allerdings auch erstaunlich gut reifen.

Farbe: Helles Strohblond.
Duft: Frisch mit Zitronen- und Mandarinennoten, dazu Blüten (Ginster) und Kräuter (Eisenkraut).
Geschmack: Honig- und Orangenaromen mit Säure und üppiger Süße.
Charakter: Herrlich erfrischender, duftender und ausgeglichener Süßwein.

CHÂTEAU DE JAU
Muscat
de Rivesaltes
Famille Dauré
in Cases-de-Pène

Was dieser Stil noch zu bieten hat

Bei den **unverstärkten** Süßweinen wird der Zuckergehalt der Traubenbeeren vor dem Keltern konzentriert. Die älteste Technik besteht im Trocknen der Beeren. Man legt die reifen Trauben einfach an die Sonne oder in luftigen Scheunen auf Matten oder Korbgeflechte. Zu einem späteren Zeitpunkt entdeckten die Winzer die berühmte Edelfäule, die eigentlich das Gleiche bewirkt: der Beere wird durch den Schimmelpilz *Botrytis cinerea* Wasser entzogen. Sogar beim Eiswein will der frierende Winzer nichts anderes erreichen. Erntet er nämlich seine Trauben bei -7 °C, so ist ein Teil des Wassers in der Beere zu Eis gefroren, das dann beim Keltern in der Presse zurückbleibt. In Deutschland heißen diese unverstärkten Süßweine dann Auslese, Beerenauslese, Trockenbeerenauslese oder Eiswein. In Österreich können sie auch Ausbruch heißen und stammen dann aus Rust am Neusiedler See. Einer der berühmtesten dieser mit Hilfe der Traubenfäule veredelten Weine ist der Tokaji aus der Gegend der Stadt Tokaj in Ungarn. In Frankreich erkennt man solche Weine nicht so leicht, oft tragen sie dort einfach eine geografische Bezeichnung. Die berühmtesten sind die großartigen edelsüßen Weine aus der Appellation Sauternes.

Auch bei den mit Alkohol **verstärkten** Weinen ist die Vielfalt fast unübersehbar. Im Roussillon (und in kleinen Teilen des Languedoc) keltern die Winzer neben dem fruchtig frischen Muscat de Rivesaltes auch einen nur mit Rivesaltes AOC bezeichneten Süßwein aus roten Trauben. Diese Weine sind bernsteingelb bis ziegelrot und verströmen ein ganzes Pfauenrad von Aromen: Rosinen, Kaffee, Schokolade, Nüsse. Ferner gehören auch die legendären Süßweine aus Madeira und Malaga in diese Gruppe.

Ganz anders, und dennoch zu dieser Stilrichtung zu zählen, ist die Familie der aus dem Süden Spaniens stammenden Sherrys. Auch sie werden mit Alkohol verstärkt, aber erst nach der Gärung und sind daher eigentlich trocken. Es gibt allerdings auch nachträglich gesüßte Sherrys. Ihr unvergleichlich nussiges Aroma erhalten sie von einer Florhefe, die sich im Fass auf dem Sherryspiegel ausbreitet.

So trinken sich diese Weine am besten

Der Name Dessertwein führt unweigerlich in die Irre. Er beschränkt diese großartigen Weine auf einen bestimmten Zeitpunkt am Ende einer Mahlzeit, dabei können sie sich auf ganz verschiedene Rollen einlassen und sich dabei auf zuweilen neue und überraschende Art entfalten. Die Italiener nennen die edelsüßen Weine *vini da meditazione:* Weine zum Nachdenken und Träumen. Und genau das sind sie wohl in allererster Linie. Sie besitzen so viel eigene Persönlichkeit, dass man sich gern damit in ein nachdenkliches Gespräch vertieft und dabei viel über sich selbst erfährt. Aber auch im Rahmen einer Mahlzeit können sich einem Dessertwein die unterschiedlichsten Möglichkeiten eröffnen. Es gibt keinen perfekteren Aperitif als einen trockenen Sherry Fino oder Manzanilla. Auch ein schön gekühlter Muscat de Rivesaltes bereitet mit seinen Zitronenaromen den Gaumen angenehm auf ein Essen vor. Selbst ein Tawny Port kann mit einigen geräucherten Mandeln oder Erdnüssen ein sehr stilvoller

Aperitif sein. Bei den Vorspeisen serviert man den trockenen Sherry gern zu einer klaren Suppe und den Tawny Port zu Wildpasteten und Gänseleberpastete. Zum Hauptgang sind diese Weine weniger geeignet. Fast alle Süßweine steigern ihre Qualität in Begleitung eines salzigen Partners, eines Roquefort, Pecorino oder Parmesan. Man kann sie aber auch mit Gewinn zu einer süßen Nachspeise servieren, einer knusprigen Tarte Tatin oder einer Crème brûlée.

Und der Porto?

Zu einer Wildterrine als Vorspeise oder nach dem Essen zu einer Orangen-Schokoladentorte oder zu Roquefort.

Und der Muscat?

Entweder vor dem Essen zu kleinen Amuse-Gueules mit Foie gras oder nachher zu warmem Zitruskuchen.

Redaktion: Michael Pleitgen, Sabine Sälzer
Lektorat: Christian Heße, Martina Schlagenhaufer, Jürgen Zichnowitz
Gestaltung: Michael Goerden, Roman Bold & Black
Produktion: Claudia Zobel

© Fotos:
Riki Breu: S. 69, 76
Faber und Partner: S. 88, 90, 100, 102, 104, 106, 108, 110, 120, 122
Christoph Fries: Rückseite
Archiv Jacques' Wein-Depot: S. 3, 8, 19, 20, 23, 27, 33, 35, 38, 40, 45, 46, 47, 49, 53, 58/59, 62, 84/85
Ryszard Kopczynski: S. 89, 93, 97, 101, 105, 109, 113, 117, 121, 125
ROOT STOCK, Hendrik M. Holler: S. 22, 32, 51, 82
SCOPE, Jean-Luc Barde/ROOT STOCK: S. 72, 80
SCOPE, Jacques Guillard/ROOT STOCK: S. 15
Ninetta Scura: S. 87
StockFood/CEPHAS, Mick Rock: Titel, S. 25, 30, 42
StockFood/Michael Brauer: S. 92, 94
StockFood/S. & P. Eising: S. 71, 74, 112, 114
StockFood/Kaktusfactory, Ninprapha Lippert: S. 116, 118
StockFood/Iggy Ruggieri: S. 96, 98
StockFood/Studio DHS: S. 124, 126
Archiv Viniversitaet: S. 11, 60

GRÄFE UND UNZER VERLAG GmbH, München
Satz und Layoutrealisierung: Buch & Grafik Design, Günther Herdin GmbH, Roman Bold & Black
Druck und Bindung: Druckerei Pauker, Ungarn

Sonderdruck für Jacques' Wein-Depot

2. Auflage
München 2005